보고 듣고
말하는
호락호락
한국사

보고 듣고 말하는 호락호락 한국사
❻ 조선 시대 2

1판 2쇄 발행 2020년 5월 30일

글쓴이 문원림
기획 호락호락 역사 기획단
그림 김규준
캐릭터 윤소
감수 이익주
펴낸이 이경민

편집 최정미, 박재언
디자인 문지현
녹음 헤마 스튜디오

펴낸곳 (주)동아엠앤비
출판등록 2014년 3월 28일(제25100-2014-000025호)
주소 (03737) 서울특별시 서대문구 충정로 35-17 인촌빌딩 1층
전화 (편집) 02-392-6903 (마케팅) 02-392-6900
팩스 02-392-6902
전자우편 damnb0401@naver.com
SNS 🇫 🅾 blog

ISBN 979-11-88704-43-9 74900
      979-11-87336-43-3(세트)

※ 책 가격은 뒤표지에 있습니다.
※ 잘못된 책은 구입한 곳에서 바꿔 드립니다.
※ 이 도서의 국립중앙도서관 출판예정도서목록(CIP)은 서지정보유통지원시스템 홈페이지(http://seoji.nl.go.kr)와
   국가자료공동목록시스템(http://www.nl.go.kr/kolisnet)에서 이용하실 수 있습니다. (CIP제어번호 : CIP2018012659)

뭉치 도서출판 뭉치는 ㈜동아엠앤비의 어린이 출판 브랜드로, 아이들의 지식을 단단하게 만들어주고,
MoongChi 아이들의 창의력과 사고력을 키워주어 우리 자녀들이 융합형 창의 사고뭉치로 성장할 수 있도록
Books 좋은 책을 만들겠습니다.

보고 듣고 말하는 호락호락 한국사

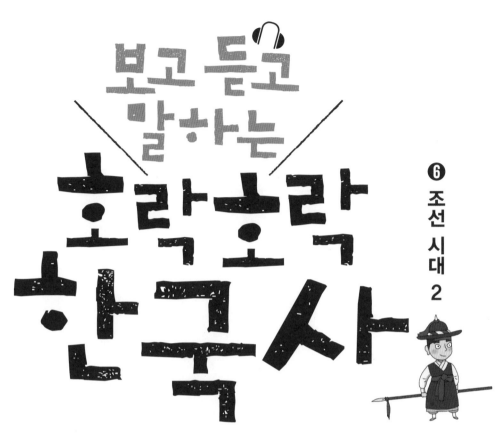

❻ 조선 시대 2

문원림 글 | 김규준 그림 | 이익주 감수

輔國安民
除暴救民

뭉치
MoongChi
Books

역사와 점점 가까워지는 것이 느껴지니?

『호락호락 한국사』를 사랑하는 친구들, 안녕! 나는 너희들이 좋아하는 역사 이야기꾼이란다.

지난번에 미리 말해 두었듯이 6권도 조선 이야기야. 이번 이야기는 임진왜란이 끝난 지 38년 만에 또다시 병자호란이 일어나는 이야기부터 시작해, 슬프게도……

그런데 대부분의 역사책은 임진왜란과 병자호란을 함께 엮던데 왜 따로 이야기하느냐는 친구들도 있더라. 음~ 병자호란을 크게 다룬 건 이 전쟁의 참혹함이 임진왜란 못지않았기 때문이야. 그리고 이어지는 역사에도 커다란 영향을 끼쳤기 때문이지.

정묘호란과 병자호란으로 60만이나 되는 조선인들이 포로로 끌려가는 비참한 일을 당했어. 더러 돈을 주고 풀려난 사람들도 있었지만 그러지 못했던 사람들은 노예로 살다가 다시는 고향 땅을 밟지 못했단다. 김영철처럼 평생을 남의 나라 전쟁에 끌려다니는 혹독한 일을 당하기도 했지.

　조정은 청나라를 세운 여진족이 한때 지배를 받던 오랑캐라는 생각에서 벗어나지 못했어. 그래서 대제국이 되어가는 청나라를 보면서도 조선만이 문명국이라는 고집을 피우며 북벌이냐, 북학이냐로 의견이 갈렸지. 이 일은 조선의 개화기까지 이어졌단다. 그때 그곳에 너희들이 있었다면 어떤 선택을 했을지 한 번 생각해 보렴. 역사는 지나간 일에서 배우기 위해 기록하는 거니까!

　정약용과 김홍도가 들려주는 영·정조 때의 이야기에선 세상이 이전과는 달라지고 있단 걸 확인하게 될 거야. 그리고 그 변화에 맞는 개혁이 이루어지지 않아 백성들이 얼마나 고통스러워 하는지도 보게 될 테지. 농민이 떨치고 일어날 수밖에 없었다던 전봉준의 이야기를 들으면 마음이 편치만은 않을지도 몰라. 어쩐지 역사와 내가 점점 가까워지는 느낌을 받는다면~ 아주, 대단히, 훌륭하게 이 책을 읽은 거란다. 내가 물개 박수를 쳐 줄게. 짝짝짝짝…….

하늘이 안개 낀 바다가 되던 날
역사 이야기꾼이

차례

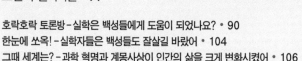

3장 백성들도 문화를 즐겼어
김홍도가 들려주는 백성들 이야기

4장 조선이 뿌리째 흔들리고 있었지
전봉준이 들려주는 19세기 이야기

1608년
광해군 대동법 실시

1610년
허준 『동의보감』 완성

1618년
심하 전투 조선군 파병

1623년
인조반정

1627년
정묘호란

1636년
병자호란

1650년
효종 즉위

1장

조선은 또다시 전쟁터가 되었어

나는 김영철이란 사람이야.
실제로 살았던 사람이 아니라 소설 속의 인물이지.
그런데 청나라 침략에 대해 나만큼 잘 아는
인물이 없다더라고. 그럴지도 몰라.
나는 열일곱 살부터 일흔 살이 넘도록
군인으로 살아야 했으니까.
내 이야기도 기별이 이야기만큼이나
슬플 텐데 어쩌지…….

김영철이 들려주는 병자호란 이야기

『호락호락 한국사』를 읽는 친구들, 안녕! 나는 임진왜란이 끝난 지 얼마 되지 않아 또다시 일어난 전쟁 이야기를 하려고 나왔어. 실제로 살았던 사람이 아니라 『김영철전』이라는 소설의 주인공이지. 하지만 전쟁의 고통을 나만큼 잘 이야기할 사람이 없다더라고. 하긴 그건 맞는 말이야. 열일곱 살부터 전쟁터에 끌려가 일흔이 넘도록 성을 지키다 죽었으니까…….

『김영철전』
홍세태가 쓴 소설의 주인공인 김영철처럼 남의 나라 전쟁에 동원되어 떠돌아야 했던 백성들이 있었단다.

병자호란
1636 병자년에 청나라가 침입한 전쟁인데 호란이라고 한 건 청나라를 세운 여진족을 오랑캐라 업신여겨 오랑캐 호(胡) 자를 쓴 거야.

내가 살던 시대는 여진족이 들불처럼 일어나 명나라를 무너뜨리고 우리 조선을 넘보던 때였어. 임금은 더 큰 전쟁을 막기 위해 애를 썼지만 결국 임진왜란이 끝난 지 40여 년밖에 안 되어 **병자호란**이 일어났지. 나는 이때 가족과 생이별하고 평생 나라를 지키는 일에 매달려 가난하고 비참하게 살아야 했어. 기별이 만큼이나 슬프고 기막힌 이야기가 펼쳐질 것 같은데 어쩌지…….

전쟁을 몸소 겪은 광해군

임진왜란이 일어났을 때 선조 임금은 급하게 광해군을 세자로 내세웠어. 그러면서 임금은 의주로 피난을 가고 열여덟 살인 세자를 전쟁터로 보냈지. 세자는 어린 나이였지만 비바람을 맞고 거친 음식을 먹으면서 백성들의 흩어진 마음을 모으려고 애를 썼어. 그 모습에 백성들은 조정이 자신들을 아예 저버린 것이 아니라고 믿게 되어 목숨을 걸고 싸웠지. 아직 조선이 사라지지 않았다는 것만으로도 백성들은 힘을 얻었던 거야.

전쟁터를 누비며 백성들의 비참함을 직접 보았던 광해군은 빨리 전쟁의 상처를 극복하고 강한 나라가 되어야 한다고 생각했지. 전쟁의 피해가 어찌나 컸던지 전쟁이 끝난 지 20년이 되도록 복구가 안되었거든. 그런데 엎친 데 덮친 격으로 흉년이 들고 전염병이 돌아 나라 꼴이 말이 아니었단다. 그래서 선조 임금 때부터 실시하려다 신하들의 반대로 하지 못했던 대동법을 실시해서 백성들의 부담을 덜어 주려 했어.

백성의 부담을 덜어 주려는 대동법

나라에서는 백성들에게 여러 종류의 세금을 거두었는데 그중에서도 각 지역에서 나는 특산물을 바치는 공납이 백성을 가장 괴롭히는 세금이었어. 오랜 세월이 흘러 더 이상 나지 않는 것을 요구하거나 엉뚱한 특산물을 바치라는 일이 많았고 시도 때도 없이 독촉했거든.

이건 뭐, 백성이 곳간도 아니고 정말 너무들 했지.

공납에 시달리던 백성들은 집집마다 재물을 내어 상인들에게 대신 물건을 사서 나라에 바치게 했단다. 이것을 방납 제도라 하는데 상인들이 날이 갈수록 물건 값을 올려 백성들의 고통은 커지기만 했어. 게다가 땅을 많이 가진 부자나 땅 한 뙈기도 없는 가난뱅이나 세금을 똑같이 거뒀기 때문에 아주 불공평했지.

그래서 백성들의 고통을 덜어 주기 위해 나라에서는 대동법을 실시했어. 대동법은 오랜 시간에 걸쳐 시행됐기 때문에 그 내용이 좀 복잡해. 하지만 한마디로 정리하면 대동법이란 땅을 얼마나 가졌는가에 따라 세금을 다르게 거두고 쌀이나 옷감, 돈으로도 낼 수 있게

한 거야. 그러자 가난한 백성들은 이 법을 몹시 반겼지만 조정 신하들 중엔 반대하는 사람들이 많았지. 왜냐고? 땅을 많이 갖고 있던 지주 중에는 조정의 신하들이 많았기 때문이야.

대동법이 실시되면 땅을 많이 가진 사람은 세금을 많이 내야 하니까 당연히 싫었을 테지. 그리고 방납으로 돈을 많이 번 상인들도 관리들에게 뇌물을 바쳐 대동법이 시행되는 것을 막으려 했어. 그 까닭은 구하기 힘든 특산물 대신 쌀이나 옷감 그리고 돈으로 내게 되면 상인들은 큰 이익을 보기 어렵기 때문이었지.

그래서 겨우, 겨우 경기도에서만 시행하게 됐는데 언젠가는 전국으로 확대되지 않을까~ 하는 기대감은 생겼단다…….

백성을 살리기 위해 지은 『동의보감』

오랜 전쟁에 시달리고 굶주렸던 백성들은 몸이 많이 약해졌기 때문에 전염병이 돌면 금방 병이 들어 죽고 말았어. 백성들이 겪는 고통에 마음 아팠던 허준은 선조의 명을 받아 질병을 치료하는 의학서를 쓰게 됐지. 이 책은 열다섯 해나 걸려 광해군 때에 겨우 완성됐단다.

허준은 옛날부터 내려오는 그 많은 의학서를 다 읽었다더라. 그리고 우리 체질에 맞는 약재와 방법도 오래도록 연구했지. 그 연구와 실제 치료를 해서 효과가 있는 것만을 보기 쉽게 정리해 25권으로 엮었어. 그게 바로 『동의보감』이야.

『동의보감』엔 수많은 질병을 고치는 방법이 분야별로 아주 자세하게 설명되어 있지. 약재를 어디서 구할 수 있는지 그리고 약을 어떻게, 얼마나 먹어야 하는지도 친절하게 적혀 있어. 질병을 판단하는 설명과 치료법이 정확해서 경험이 많지 않은 의원도 이 책만 있으면 백성을 살릴 수 있을 정도였대. 그래서 중국과 일본에도 의학서로 널리 알려졌는데 중국인들은 천하의 보배라고까지 했다더구나.

허준은 임금의 건강을 책임진 지위가 높은 어의였어. 그런데도 변변한 치료도 못 받는 불쌍한 백성들을 생각하며 긴 세월을 끈질기게 연구해서 위대한 의학서를 남겼지.

이 귀한 책은 시간만 오래 걸린 게 아니라 온갖 핍박을 견디며 쓴 책이기도 해. 왜냐하면 선조와 광해군 두 임금을 모시는 뛰어난 어의가 되자 시기와 질투를 받아 귀양까지 가서 죽을 뻔했거든. 광해군이 그를 다시 어의로 부르지 않았다면 그리고 허준의 눈물겨운 노력이 없었다면 『동의보감』은 세상의 빛을 보지 못했을 거야.

질병과 핍박에 시달리는 백성들을 위해 이 책을 썼소.

시대를 넘어 수많은 사람들에게 도움이 되는 17세기 최고의 의학서야.

허준

『동의보감』

명나라의 파병 요구

광해군은 전쟁을 몸소 겪은 임금이라 그런지 나라의 힘을 키우려고 무척 애를 썼지. 그런데 주변의 나라들이 힘겨루기를 하면서 그것이 아주 어렵게 되었어. 임진왜란 때문에 우리 조선도 참 살기 어려워졌지만 명나라도 기울어 가던 중에 전쟁 지원까지 하느라 위태로워졌단다. 그런데다 오랑캐라고 깔보았던 여진족이 **후금**이라는 나라를 세워 명나라를 공격했어.

후금
여진족을 통일한 누르하치가 세운 나라로 명나라를 공격해 영토를 확장하고 1636년에는 청으로 이름을 바꾸었어.

강철 같은 기마대라 불리는 후금군의 공격으로 이제 명나라는 언제 무너질지 모르는 신세가 되고 말았지. 그러자 명나라는 임진왜란 때의 은혜를 갚으라며 우리에게 군대를 보내 달라고 독촉했어. 후금은 명나라의 요구를 들어주지 말라고 압력을 가했고 말이야.

참, 이럴 수도 저럴 수도 없는 상황에서 광해군은 중립 외교를 택했어. 중립 외교란 명나라 편도 후금 편도 들지 않으면서 평화를 지키는 거였지. 우리에겐 이득이 되는 외교였지만 이게 정말 어려운 일이었단다. 두 나라가 다 불만스러워했으니까.

그런데 중립 외교를 가장 못마땅하게 생각했던 사람들은 바로 조정의 신하들이었어. 명나라는 조선을 구한 어버이 같은 나라이니 은혜를 갚아야 한다며 군대를 지원하라는 의견이 빗발쳤지. 백성들의 목숨보다 큰 나라를 섬기는 사대의 예를 더 중요하게 생각하다니, 전쟁터로 내몰릴 백성들은 원망이 앞서더구나.

견디다 못한 광해군은 잘 키워 놓은 1만이 넘는 정예 부대를 명나라와 후금의 전쟁에 보내야만 했지. 임진왜란의 참혹함을 두 번 다시 겪지 않으려고 군대를 키우느라 그토록 애를 썼는데, 그걸 명나라가 홀랑 빼 내간 거란다.

남의 나라 전쟁

강홍립
명나라와 후금의 전쟁에 파견된 장군이야. 조선군의 피해를 줄이려 항복했지만 후금에서 오랫동안 포로로 살아야 했고 병자호란 때 조선으로 돌아와서도 환영받지 못했단다.

어쩔 수 없이 남의 나라 전쟁에 끼어들게 됐지만 조선의 젊은이들이 희생되는 것이 광해군은 몹시 안타까웠지. 그래서 군대를 이끌고 가는 **강홍립** 장군에게 기회를 보아 항복하라고 말했대. 그렇게 해서라도 희생을 줄이라는 거였겠지.

아무튼 강홍립 장군은 우리가 보기에도 죽을힘을 다해 싸우는 거 같지는 않더라. 어떻게 아느냐고? 나도 그 심하 전투에 군인으로 끌려갔거든.

남의 전쟁에 끼어 든 우리는 참으로 마음이 복잡했어. 명나라에게 도움을 받은 건 사실이지만 이미 무너질 것 같았고 후금은 기세 사납게 떠오르는 나라였거든. 그러니 명나라를 위해 열심히 싸우다 후금이 이기면 우리 조선은 어찌 되겠어? 명나라 편을 들었다고 보복을 당할 게 뻔하잖아. 그렇다고 무조건 항복할 수도 없고 말이야. 하이고, 이런 게 바로 고래 싸움에 새우등 터지는 거 아니겠니?

우리 조선군은 이렇게 어정쩡한 상황에서 싸워야 했는데……
후금의 군대는 정말 버거운 상대였지. 기마 민족이라 말을 잘 타는
건 물론이고 활과 칼도 잘 쓰는 데다 어찌나 날래던지 당해 낼 재주

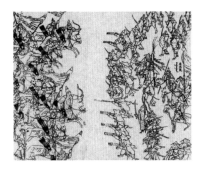

심하 전투

가 없었단다. 훈련이 잘된 우리 조총 부대가 총알을 다시 넣을 새도
없이 공격해 왔으니까.

함께 싸우던 명나라 군대가 전멸하고 조선군도 반 이상이 죽자 강
홍립 장군은 항복을 결심했지. 남의 나라 전쟁에서 다 죽을 때까지
싸울 까닭이 뭐 있겠어?

그래서 살아남은 사람들은 후금의 포로가 되었는데 그들 중에는
도망쳐서 고향으로 돌아간 사람들도 있었지. 하지만 나는 후금 장수
의 노예가 되고 말았어. 1만이 넘었던 정예병은 건강한 젊은이들이
라 대부분 후금군을 돕거나 노예가 되어야만 했단다.

나는 고향으로 돌아가고 싶어서 두 번이나 도망을 쳤는데 번번이
잡혀 그때마다 발뒤꿈치가 잘리는 형벌을 받았지. 가혹한 형벌을 받
으며 십여 년을 떠돌다 마침내 고향으로 돌아왔는데 조선은 여전히
전쟁에 휘말려 있더구나. 돌아온 다음의 내 이야기는 나중에 하고 심
하 전투가 끝난 뒤 어떤 일이 있었는지부터 이야기해 줄게.

신하가 세운 임금, 인조

심하 전투에 끌려간 1만 3000명의 정예병 중에서 1400명 정도가 간신히 도망쳐 고향으로 돌아왔지. 그런데 명나라를 섬기는 조정의 신하들은 겨우 살아 돌아온 젊은이들을 항복했다며 부끄럽게 여겼어. 살아서 돌아온 것이 죄라는 듯이 말이야.

그러더니 명나라를 정성껏 돕지 않았다는 이유로 광해군을 내쫓고 인조 임금을 세우더구나. 신하들이 임금을 바꾸는 반정이 또 일어난 건데 이 일을 인조반정이라고 한단다. 왜 광해 임금이라 하지 않고 광해군이라고 했는지 이제는 이해했을 거다.

새로 임금이 된 인조는 다 망해 가는 명나라를 섬겼어. 광해군이 내쫓긴 큰 이유가 명나라에 대한 은혜도 모르는 것이었기 때문에 인조 임금은 **친명 정책**을 내세웠지. 그러자 명나라와 전쟁을 치르고 있던 후금은 3만이 넘는 군대를 이끌고 1627년인 정묘년 한겨울에 압록강을 넘었어. 정묘호란이 일어난 거야.

날랜 후금군은 일주일 만에 평양성을 손에 넣는 놀라운 기동력을 보여 주었지. 임진왜란 때와 비슷하게 조선군은 제대로 반격도 못하고 도망쳐 무기와 식량이 그대로 후금군의 손에 들어가고 말았어. 인조 임금 역시 강화도로 몽진을 떠나고 말았지.

후금군은 조선에게 동생의 나라가 되겠다는 약속을 받고 나서야 물러갔어. 그들은 조선을 제압할 힘

친명 정책
명나라를 존중하고 친하게 지내자는 것으로 인조와 인조를 왕으로 세운 신하들이 펼친 정책이지.

을 보여 주고 물자를 얻기 위해 전쟁을 벌였던 거란다. 허어, 명나라에 사대를 제대로 하지 않아 임금을 쫓아냈다더니 인조 임금은 아예 명나라를 무너뜨리려는 후금과 형제의 나라가 되겠다는 굳은 맹세를 하더구나.

저들은 물러가면서도 조선 백성들을 노예로 끌고 갔는데 후금은 인구가 많지 않아서 사람을 많이 잡아갔단다. 백성들은 그저 눈물만 흘려야 했지.

굴욕적인 항복을 한 병자호란

후금과 굴욕적인 외교 관계를 맺고도 조정은 여전히 명나라에게 사대의 예를 다했단다. 그사이 후금은 청으로 나라 이름을 바꾸고 중원을 정복하기 전에 명나라를 도울지도 모르는 조선을 먼저 침략했어. 청나라 태종이 직접 10만 대군을 이끌고 내려왔는데 정묘호란 때처럼 막힘이 없었지. 또다시 인조 임금은 강화도로 몽진을 서둘렀지만 아뿔싸! 청나라군이 더 재빠르게 움직여 강화도로 가는 길을 막아 버렸단다. 청나라군은 바람보다 빠르게 움직였거든. 만주에서 한양까지 12일 만에 쳐들어왔다니 바람보다 빠르다는 말은 결코 지나친 말이 아니야.

눈이 펑펑 내리던 한겨울 피난길에 나선 사람들은 엎어지고 자빠지며 급하게 남한산성으로 피할 수밖에 없었는데, 그때 이미 한강을 건넌 청나라군은 남한산성을 겹겹이 에워쌌단다.

청나라군은 이제 항복을 기다리기만 하면 되었고 인조 임금은 제 나라의 작은 성에 갇힌 거나 마찬가지였지. 지원군도 변변찮은 데다 식량마저 떨어지면 항복할 수밖에 없다는 것은 불을 보듯 뻔한 일이었으니까.

그런데도 신하들은 청나라와 싸워야 한다는 척화파와 화친을 해야 한다는 주화파로 나뉘어 다투었어. 주화파인 최명길이 항복한다는 글을 쓰면 척화파인 김상헌은 그 종이를 찢으면서 의견 다툼은 끝이 보이지 않았지.

그러는 동안 항복을 기다리던 청나라군은 보란 듯이 주변의 집들을 다 태우고 백성들을 마구 죽였단다. 아, 아 나라가 지켜 줄 수 없는 백성의 모습이란 얼마나 참혹하던지…….

마침내 견디다 못한 임금은 남한산성에 들어간 지 47일 만에 항복하러 **삼전도**로 나왔어. 신하가 입는 푸른색 옷을 걸친 임금은 아홉 계단 위에 앉은 청나라 태종에게 한 번 절할 때마다 세 번 머리를 조아리는 삼배구고두례라는 항복 의식을 치러야만 했지.

우리 임금이 오랑캐라 무시했던 여진족 임금에게 차디찬 땅바닥에서 머리를 조아리고 또 조아리는 모습에 울지 않은 이가 있었을까…….

항복을 받아낸 청나라군은 소현 세자와 봉림 대군, 비빈과 수많은 대신들을 청나라로 끌고 갔지. 죄 없는 여자와 아이들까지도 헤아릴 수 없이 많이 잡아갔단

삼전도
한양과 남한산성을 이어 주던 나루인데 이곳에서 청나라에게 항복했어.

다. 돈을 받고 포로를 풀어 주는 저들의
풍습 때문이었지. 잡혀 가던 이들은 궁
으로 향하는 임금을 돌아보며

"임금이시여, 우리 임금이시여, 우리를
버리고 가십니까?"

하면서 울부짖었지만 임금인들 무슨 힘이 있
어야지……

우리 역사에서 가장 치욕적인 패배 의식을 치
른 인조 임금은 그저 나루터에 멍~하니 앉았다
가 청나라군이 내어 준 배를 타고 겨우 궁으로
돌아왔을 뿐이란다.

청나라는 승리를 기념하려고 항복을 받아
낸 땅, 삼전도에 '대청황제공덕비'를 세웠지.
청나라 황제가 조선 임금의 잘못을 너그럽게 용서하
여 백성들이 기뻐했고 만년토록 황제의 덕이 빛날 거
라 쓰여졌어.

병자호란의 패배가 얼마나 수치스럽고 되갚아 주
고픈 마음들이 절절했던지 『박씨전』이라는 한글 소설
이 다 나왔단다. 우리를 괴롭히던 청나라 장수 용골
대를 박씨 부인이 혼내주며 포로로 끌려가는 사람들을 구해내는 장
면은 자다가도 박수를 칠 일이었어. 남자들도 막아내지 못한 청나
라군을 여인네가 도술을 부려 물리쳤다는 이야기는 참으로 통쾌하

청나라 황제의 공덕을 기린다는
이 비석은 잠실 석촌 호수에 있는데
화려한 놀이기구와 롯데월드타워에
가려져 있지.

대청황제공덕비

『박씨전』
병자호란을 배경으로 초인적
인 힘을 가진 여인이 활약하는
영웅 소설인데 누가 썼는지
는 몰라.

더구나!

하지만 현실은 너무나 비참했어. 죄 없는 백성들이 무수히 죽거나 포로로 끌려가 생이별을 당하고 굶주림과 질병으로 신음하면서 나라는 더 힘을 잃었으니까. 그런데도 이번에는 청나라가 명나라를 치려 하니 군대를 보내라고 요구했지. 조선은 어려움 속에 또다시 남의 나라 전쟁에 군대를 보내야만 했단다.

고통당하는 백성들

이제 잠시 접어 두었던 내 이야기를 할 때가 되었구나. 양 발뒤꿈치가 다 잘리는 고통 속에서도 살아 돌아온 나는 청나라 말과 중국말을 잘한다는 이유로 다시 군대에 불려 가야만 했지. 그런데 그곳에서 나를 노예로 부렸던 청나라 장수를 만났지 뭐냐? 그 장수가 도망친 나를 죽이겠다고 덤비자 통역이 필요했던 나라에서는 돈을 주어 청나라 장수를 달랬어. 그 덕에 나는 목숨을 건졌지만 통역도 하고 전투에도 나가 싸우느라 지칠 대로 지쳐 버렸단다.

나선 정벌
나선은 러시아를 말해. 러시아가 자원이 풍부한 연해주 지역으로 영토를 확장하려 하자 청나라는 조선에게 원군을 요구해서 두 번이나 나선 정벌에 나서야 했어.

우리 조선 젊은이들은 청나라의 전쟁에 동원되어 참 많이도 죽었어. 조총 부대는 청나라가 러시아하고 싸울 때도 불려 나갔는데 뛰어난 조총 실력으로 러시아 함대를 침몰(나선 정벌)시켰지. 조총 부대가 쏜 불화살이 함대의 화약고를 폭발시키고 정확한 사격 솜씨로 전투를 승리로 이끌었거든.

우리 조선군은 나라에서 지원만 제대로 해 준다면

정말 잘 싸울 텐데, 약소국이 되어 남의 나라 전쟁에나 끌려다니고 있다니, 참……

나는 여러 차례 죽음의 고비를 넘기며 큰 공을 세우고 다시 고향으로 돌아올 수 있었지. 하지만 나라에서 청나라 장수를 달래느라 들였던 돈을 갚으라고 독촉했어. 공을 세운 것에 대해서는 아무런 보상도 해 주지 않으면서 오히려 빚을 갚으라고 을러대니 나는 너무 기가 막혔지.

전쟁 때문에 집안은 **풍비박산** 나고 젊은 시절을 다 전쟁터에서 보낸 내가 무슨 재물이 있어 그 돈을 갚겠어? 그러자 일가친척들까지 잡아 가두며 빚 독촉을해대는 통에 이리저리 돈을 꾸어 갚느라 나는 평생을 가난하게 살아야만 했단다. 할 수만 있다면 밤도망이라도 하고 싶은 심정이었지. 나처럼 세금과 군역에 시달리는 백성들의 딱한 모습을 읊은 시가 있다기에 들어 보니 정말이지, 내 이야기와 똑 닮았더구나.

> **풍비박산**
> 큰일을 당해서 식구들이 죽거나 끌려가고 재물도 모두 없어지는 거야.

할아비는 솥을 이고 숲 속으로 사라졌는데
할미는 아이를 데리고 따라가지 못하는구나.
사람들 만날 때마다 집 떠난 괴로움을 하소연하는데
군역 나간 아들과 애비가 여섯 해나 못 만났다 하네.

> 이달이라는 시인이 지은 길을 떠도는 사람들의 슬픈 이야기라는 시야.

이 시에서도 힘써 농사지어 가족을 부양해야 할 아들이 전쟁터에 끌려간 모양이야. 여섯 해나 소식이 없으니 누가 농사지어 세금을 낼 수 있었겠어? 그러니 세금을 못 낸 가족은 관가의 으름장에 도망칠 수밖에 없었을 테지.

늙은 할아버지는 죽이라도 끓일 솥 하나를 지고 숲속으로 몸을 숨겼는데, 어린아이를 챙겨야 하는 할머니는 기운이 없는지 제대로 따라가지도 못했다는구나. 아이 엄마는 어떻게 됐기에 늙은 할머니가 손주를 떠맡아야만 했을까? 풍비박산 난 가족의 아픔이 그대로 느껴져 나는 그만, 목 놓아 울고 말았지. 할아버지와 할머니가 더 늙고 병들면 저 어린 손주는 어떻게 살아갈지 정말 남의 이야기 같지 않아서 말이야……

돌아온 소현 세자

병자호란 때 만주의 심양으로 끌려갔던 소현 세자가 돌아왔어. 1644년 명나라가 망하고 청나라가 중원을 차지하자 조선의 세자를 인질로 잡아 둘 필요가 없어졌거든. 그런데 인조 임금은 세자를 그다지 반가워하지 않았다더구나. 왜냐하면 청나라의 발전된 문물을 직접 보고 온 소현 세자는 청나라에서 배울 건 빨리 배워 조선도 잘사는 나라가 되어야 한다고 했기 때문이라나? 삼전도의 치욕만을 깊이 새기고 있던 임금은 그런 세자가 영 못마땅했겠지. 조정의 신하들도 청나라에게 당했던 치욕만 기억할 뿐 청나라가 얼마나 발전하고 있는지 잘 알지 못해서 세자를 대하는 태도가 차가웠다더라.

조선을 부강한 나라로 만들 꿈에 부풀었던 소현 세자는 돌아온 지 70일 만에 덜컥 세상을 뜨고 말았지. 그래서 세자와 함께 8년간의 인질 생활을 했던 동생인 봉림 대군이 세자의 자리를 잇게 되었어. 봉림 대군은 소현 세자와 다르게 청나라에 대한 원한이 깊었는데 아마도 인조 임금은 자신의 복수를 해 줄 봉림 대군이 더 마음에 들었을 테지.

효종이 된 봉림 대군은 아버지의 뜻을 받들어 청나라를 치겠다는 **북벌 정책**을 펼쳤어. 물론 청나라가 두려워 만천하에 드러내 놓고 북벌을 외치진 못했지만 말이야.

> **북벌 정책**
> 병자호란의 치욕을 씻기 위해 청나라를 정복한다는 계획이지.
>
> **강희제, 옹정제, 건륭제**
> 청나라를 안정시키고 태평성대를 이룬 황제들이야.
>
> **문명국**
> 조선의 선비들은 하늘의 뜻에 따라 인간의 도리를 다하는 것을 문명국이라 생각했어.

효종의 북벌 정책

청나라는 조선의 성리학자들이 오랑캐라며 무시했지만 중국 역사상 가장 영토가 크고 번영했던 나라야. 특히 **강희제, 옹정제, 건륭제** 세 황제가 다스리던 100여 년은 문물이 눈부시게 발전했지. 그런데도 조선은 청나라를 인정하지 않았어. 병자호란의 뼈아픈 상처 때문에 제대로 보려고도 하지 않았던 거야. 오히려 한족이 세운 명나라가 망했기 때문에 동북아시아에서 이제 **문명국**은 조선뿐이라는 생각을 하게 되었지. 옛날부터 오랑캐는 인간의 도리와 예의를 모르는 종족이라 여겼거든. 그건 어찌 보면 자신감이고 어찌 보면 세상을 제대로 보지 못하는 어리석음이기도 했어. 그런데 이런 생각은 조선이 망할 때까지 이어졌다지?

조선은 몰래 청나라를 치겠다는 북벌 계획을 세우고 준비도 했어. 그러나 군대를 키우고 무기를 마련하자니 돈이 많이 들었지. 전쟁의 상처도 다 아물지 않았는데 또 전쟁 준비를 하자니 힘이 들 수밖에 없었어. 그래서 나라가 어느 정도 안정되자 신하들은 겉으로는 청나라를 따르는 척하고 마음으로만 청나라를 배척하자고 뒷걸음질 쳤단다. 갈수록 청나라가 강해지자 실제 북벌이 아닌 마음으로만 북벌을 하자는 거였지. 청나라가 아무리 대단해도 오랑캐에 지나지 않는다며 은근히 무시하는 정도로 자존심을 세우려 한 거야. 아무튼 임금은 왕실에 드는 돈까지 아껴 가며 북벌의 꿈을 키웠는데 신하들의 지지를 못 받게 되었어. 결국 효종 임금이 돌아가시자마자 북벌 계획도 흐지부지되고 말았단다.

파란 눈의 네덜란드인들

효종 임금 때엔 금발에 파란 눈을 가진 네덜란드인들이 일본의 나가사키로 가려다 풍랑을 만나 제주도에 표류하는 일도 있었지. 그 당시 네덜란드는 바다를 넘나들며 장사를 했는데 일본하고는 활발하게 교역을 하고 있었다더라. 17세기부터 일본은 유럽 문명을 받아들이고 있었던 거지.

그런데 우린 서른 명이 넘는 유럽인들이 한양으로 불려오자 깜짝 놀라고 말았단다. 왜냐하면 우리와는 한~참 다르게 생긴 데다 그들과 교류가 전혀 없어서 낯설었기 때문이야.

　이 사람들은 **훈련도감**에 소속되어 총포를 만드는 일을 거들었다는구나. 말은 어떻게 통했느냐고? 아~ 이미 인조 임금 때도 풍랑을 만나 조선에 귀화한 네덜란드인이 있어서 이들과의 소통은 문제없었다던걸.

　조선에 최초로 귀화한 유럽인의 이름은 박연이었는데 총포를 다루는 기술이 뛰어나서 제작에 많은 힘을 보태고 전쟁에 나가 싸우기도 했지. 그런데 원래 이름이 벨테브레였던 박연은 늘 고국을 그리워하며 보내달라고 애원했다더라. 청나라 노예로 살며 고향을 그리워하던 일이 생각나 박연의 신세가 얼마나 애달파 보이던지…….

　그런데 13년이나 잡혀 있던 네덜란드인들은 박연과는 달리 탈출해서 그리웠던 고국으로 돌아갔어. 그리고 일행 중 한 명이었던 하멜은 그 경험을 『**하멜 표류기**』에 남겼다던데 우리 조선에 대해 도대체 뭐라 했을까?

훈련도감
조선 시대 한양을 지키던 군대야.

『**하멜 표류기**』
조선을 세계에 처음으로 소개한 책이야. 조선의 지리, 풍속, 정치, 군사, 교육에 대해 썼단다.

하멜 표류기

ⓒ Henny Savenije

서른 명이 넘었던 하멜 일행은 탈출하려다 미움을 받아 고초를 받았대. 그래서 고향으로 돌아간 사람은 열 명도 안 됐다던걸?

내 한평생을 돌아보니 후우~ 온통 전쟁뿐이었어. 그래서인지 가끔 이런 생각이 들더라고. 다 망해 가는 명나라를 받들다 전쟁을 부른 인조 임금이 반정에 성공하지 못했다면 어땠을까? 그럼 나는 이렇게 불행하게 살진 않았을 거란 생각이 들었지.

물론 광해군도 궁핍한 나라 살림에 어울리지 않게 백성의 집을 헐고 궁궐을 짓는 잘못을 저지르기도 했지만 어쩐지 전쟁이 더 커지는 일은 막았을 거 같거든……

나는 일흔이 넘어서도 산성을 지키는 일을 해야만 했지. 평생을 전쟁에 끌려 다녔는데도 빚 독촉이나 하던 매정하고 야박한 나라였지만…… 내가 아니면 누가 이 나라를 지키겠나 싶어서 허리가 구부러질 때까지 그 일을 했단다.

내 자식과 손주들에겐 나와 같은 불행한 일이 일어나선 안 되지 않겠어, 아암~ 안 되고 말고!

저자가 직접 강의하는 호락호락 한국사 1장
왼쪽의 QR코드를 찍어서 저자의 강의를 들어 보세요!
만약 QR코드가 안 될 경우에는 아래 링크로 들어오세요.
https://blog.naver.com/damnb0401/221259674186

딴지양! 너 오늘 토론 주제가 뭔지 알아?

응. 청나라를 배워야 하나, 말아야 하나 그거 아냐? 학교에서 그 비슷한 주제로 토론도 했는걸?

그래? 넌 뭐라고 했어?

청나라가 너무 미워서 확 물리쳐야 된다고 했지.

어라? 평화를 사랑하는 딴지양답지 않은데요~.

그만큼 청나라가 밉다 이거야. 글쎄 어떤 애가 그러는데 일본이 잡아간 조선인은 10만 명이지만 청나라가 잡아간 조선인은 60만이라더라? 포로를 풀어 주면서 돈을 받았기 때문에 그렇게 많이 잡아간 거래.

그리고 인구가 적어서 노예로 부려 먹으려고 그랬대. 에휴~ 그때 백성들이 너~무 불쌍해.

헉! 60만이나? 나는 역사책에 임진왜란과 병자호란이 늘 함께 나와서 임진왜란에 딸린 작은 전쟁인 줄 알았는데, 그게 아니었어. 백성들은 더 고통스러웠을 거 같은데?

그래, 김영철 아저씨도 평생을 전쟁터에서 살았다고 하잖니? 소설이긴 하지만 어쩐지 그런 일이 있었을 것 같더라. 나도 효종의 북벌이 성공했다면 좋았을 거라고 생각해. 그러면 통쾌한 복수가 됐을 텐데…….

그건 바람이었을 뿐이다. 실제는 결코 그럴 수 없었어. 그래서도 안 되었고. 생각해 보아라. 통쾌한 복수란 또 전쟁의 피바람이 부는 것 아니겠느냐? 더 큰 복수는 청나라보다 잘사는 게 아닐까 싶은데…….

아, 나 이 분 누군지 알겠다! 소현 세자시죠, 그렇죠?

그래, 책을 아주 열심히 읽었구나. 기특하다.

형님, 청나라가 우리한테 어찌 했는데 형님은 그걸 잊으셨단 말입니까? 아바마마가 어떤 치욕을 당하시고 백성들이 어찌 죽어 갔는지 다 보지 않으셨습니까?

아, 난 이분이 누군지 알겠어! 봉림 대군이시죠? 아니, 아니. 효종 임금!

어~ 내가 효종이라 불리는 게로구나?

네. 인조 임금의 한을 풀어 드리려 했으니 효자 임금님이잖아요!

봐라, 아우야. 네가 한 일은 고작 아바마마의 원한을 풀어 주려는 일이었을 뿐이라 하지 않느냐?

8년의 인질 생활을 하면서 너는 도대체 무엇을 봤던 게냐? 나날이 발전하는 청나라를 보면서 전쟁을 준비하다니, 정말 어리석구나.

형님은 다음에 왕이 되실 분이니 안전하게 심양에서 학자나 관리들과 교류를 하고 있었지만 저는 몸이 약하신 형님을 대신해서 청나라가 벌이는 전쟁터를 쫓아다니지 않았습니까?

그러다 보니 강철 같기만 하던 청나라군의 약점도 보였습니다. 우리 조선군보다 총포를 잘 다루지는 못하더군요. 게다가 인구도 적었고요.

그것만으로 저들을 이길 수 있다고 생각했느냐?

그뿐이 아닙니다. 여진족이 중원을 차지한 것에 불만을 품은 한족들이 많았고 끌려간 조선 백성도 많으니 그들과 힘을 합친다면 불가능한 것도 아니었지요.

여진족도 중국 문화에 익숙해지면 사나운 기세도 흐트러질 것이니 그때를 노려 공격했다면 북벌의 꿈을 이뤘을지도 모릅니다.

그렇다면 또다시 큰 전쟁이 벌어져야 할 텐데, 너는 전쟁이 지겹지도 않으냐?

백성은 군량미를 대느라 굶주리고 귀한 자식을 전쟁터로 보내며 통곡했는데…… 그 모습이 가엾지도 않더냐?

물론 전쟁은 고통스럽고 백성은 가엾지만 승리하면 조선의 상황은 많이 달라졌을 겁니다. 자신감도 되찾고 나라는 부강하게

되었겠지요. 청나라의 속국이 되었다
고 무시하는 일본도 꼼짝 못하게 했을
겁니다. 거란을 물리친 고려처럼 다시
전성기를 맞았을지도 모르지요.

 아우야! 너는 조직력이 뛰어난 청나라
팔기군의 전투력을 보고도 그런 말을 할 수 있느냐?
기마 부대가 바람보다 빠르게 성벽에 모래주머니를 쌓아 올리
면 그것을 밟고 성벽을 넘어 삽시간에 성을 차지하는 걸 보며
우리가 얼마나 놀랐더냐? 너도 알다시피 그들은 1만의 군사로
도 중원을 차지한 싸움꾼들이다.

그럼, 형님은 도대체 어떻게 저들에게 복수를 하시겠다는 말씀
입니까?

아까도 이야기했다만 백성을 전쟁으로 몰지 않고도 복수할
수 있는 방법은 저들의 문물을 받아들여 우리가 더 잘사는 것
이다.

에이, 그게 뭐예요? 통쾌한 건 하나도 없잖아요?

맞아요. 60만이 노예로 끌려가서 고통당한 건 어떻게 갚아 줘
요? 억울하게 죽은 사람들은요? 평생을 남의 나라 전쟁에 끌려
다닌 김영철 아저씨 같은 사람들은 어떻게 하냐고요?

그래, 그래. 나도 너희들 마음 다 이해한다. 나라고 왜 그들이
밉지 않겠느냐? 하지만 전쟁은 파괴만 되풀이될 뿐이다. 게다
가 청나라를 칠 만한 힘이 조선에는 없었다!

환향녀(還鄉女)
전쟁 때 청나라에 끌려갔다 돌아온 여자를 말하는데 냉대를 받아 사회의 큰 문제가 됐단다.

그러나 조선이 청나라의 속국이 되면서 하라는 대로 다 해 줬어야 됐다면서요? 청나라는 전쟁이 일어날 때마다 조선군을 보내라고 했다던데요?

명나라하고 싸울 때도, 러시아하고 싸울 때도 조선군은 불려 갔다고 들었어요. 우리 조선군이 왜 남의 나라 전쟁에 가서 죽어야 하는 거죠?

그리고 고려 때처럼 또 공녀를 보내라고 해서 수천 명의 여자들도 끌려갔고요. 나라가 힘이 없으니까 이런 말도 안 되는 일만 당하잖아요!

그래요. 끌려갔다 돌아온 여자들을 **환향녀**라 부르며 집안에 들이지도 않고 구박했다면서요? 아, 정말 너무해. 지난번 임진왜란 때보다 더 치욕스러운 거 같아. 진짜 한심해요!

얘들아, 그만, 그만! 진정하고 내 이야기를 좀 들어보련? 우리 형님이 하신 말씀도 틀린 이야기는 아니란다. 형님은 심양에서 조선의 평화를 위해 노력하신 분으로 청나라와 조선의 사이가 삐걱댈 때마다 나서서 문제를 해결하셨지. 다시 청나라가 쳐들어오지 않은 건 형님 덕분이란다.

그래서 청나라에서는 아바마마보다도 우리 형님을 더 좋아했지. 그게 아바마마의 화를 돋우긴 했지만……

그래요, 우리 세자 저하는 청나라의 관리와 학자들을 만나면서 조선의 문제를 평화적으로 해결하려고 애를 쓰셨지요.

청나라는 자신들의 모자란 부분을 부끄러워하지 않고 적극적으로 다른 나라의 문물을 받아들여 나날이 융성해지고 있으니, 장차 큰 나라가 될 것이라 했어요.

더 이상 오랑캐의 나라로 깔보는 것은 어리석은 일이라며 열심히 배워서 조선도 잘사는 나라로 만들어야겠다고 하셨지요.

형수님도 얼마나 씩씩한 분이셨습니까? 여느 여인들처럼 눈물이나 보이는 대신 열심히 농사를 지어 몇 배의 이익을 남기셨죠. 청나라와 무역을 하여 번 돈으로 조선 포로를 구하셨고요.

그랬지요. 8년간 참 우린 열심히 살았어요. 심양으로 끌려온 조선 포로들이 시장터에서 노예로 팔려 나가는 모습을 보면서 얼마나 가슴아파했습니까?

그래서 팔을 걷어 부치고 무역을 하고 논밭을 일궈 조선 백성을 구했지요. 마침내 그리운 조선으로 돌아가게 됐을 때 얼마나 희망으로 가득하든지요!

병자호란의 치욕을 씻고 백성들과 잘살아보겠다는 꿈에 발걸음도 가벼웠지요.

어디 발걸음뿐이었습니까? 우리들의 짐도 가벼워 백성들이 놀라던걸요?

왕족들이 인질로 잡혀가서도 화려하게 살아 짐이 많을 줄 알았는데 의외로 검소하니 놀랐겠지요.

호호호, 놀랐던 까닭은 또 있었답니다. 봉림 대군의 꽃 미모에 조선의 처자들이 눈이 두 배로 커졌다던데요?

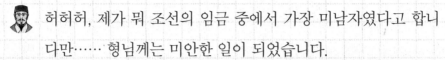 허허허, 제가 뭐 조선의 임금 중에서 가장 미남자였다고 합니다만…… 형님께는 미안한 일이 되었습니다.

조선을 부강하게 만들고 싶은 꿈은 못 이뤘다만 네가 훌륭한 임금이 되어 그나마 다행이다. 물론 청나라의 문물을 받아들이는 실리를 택하지 않고 북벌을 계획한 것은 잘못이라고 생각하지만 말이다.

혹 내가 아바마마의 뜻에 어긋나 갑자기 죽은 것 때문에 두려워 북벌 정책을 내세웠던 건 아니냐?

그래요, 형님만 갑자기 돌아가신 게 아니라 저도 역적으로 몰려 죽고 어린 조카들마저 유배 갔다가 죽는 모습을 보면서 억지로 아바마마의 뜻을 따랐던 건 아니신가요?

형님 가족이 그처럼 불행해지는 모습을 보면서 아바마마가 두렵지 않았던 건 아닙니다. 하지만 한 나라를 책임진 임금으로서 두려움 때문에 10년을 한결같이 북벌에 매달렸겠습니까?

그런데 저를 역적이라며 강빈으로 부르지도 못하게 하셨다고요?

형수님이 역적이어야 제가 왕위를 보존할 수 있겠기에…….

그래요, 형님 대신 앉으신 자리라 편치 않으셨겠지요…….

흠흠, **어영대장** 이완 한 말씀 올리겠습니다. 우리 효종 임금께선 즉위하시자자 강한 군대를 만드느라 애를 쓰시고 인재를 등용하여 나라의 힘을 키우는 데 온 힘을 기울이셨습니다.

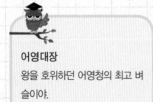

어영대장
왕을 호위하던 어영청의 최고 벼슬이야.

그러자 조선군은 어느 때보다 군기가 잘 잡힌 군대가 되었지요. 청나라의 전쟁에 동원되어 빛나는 공을 세웠던 것도 다 그 때문입니다. 조정의 신하들 모두 임금의 뜻을 받들어 도와주었다면 결코 북벌이 허황된 꿈은 아니었을 겁니다.

그리고 우리 임금만큼 검소한 분도 없을 겁니다. 공주님이 수놓은 비단옷 한 벌 해 달라고 졸라도 해 주지 않으셨지요. 공주님은 어느 양반가의 처자가 입은 옷이 부러우셨던 모양입니다만 밥 한 톨도 아끼며 나라의 힘을 키우려 하셨으니 그 부탁을 들어주실 수 없었던 거지요. 그만큼 백성과 나라를 걱정하셨던 겁니다.

와아~ 한 나라의 공주가 수놓은 비단옷을 못 입었다고요? 흐응, 내가 공주보다 낫네. 우리 아빠는 내가 사달라는 거 다 사 주시는데!

애야, 말을 삼가 거라. 왕실을 업신여기는 것이 얼마나 무서운 죄인 줄 아느냐?

어허, 어린아이가 아닌가? 소리를 낮추시게.

인자하고 검소하신 건 두 형제분이 어찌 이리도 닮으셨는지! 하지만 우리 세자 저하는 세상의 변화를 잘 읽어내는 능력도 있었고 나라를 위하는 일이라면 누구와도 친하게 지내셨답니다. 서양의 과학이 앞섰다는 걸 아시고는 청나라에서 천문대 일을 보던 **아담 샬**이라

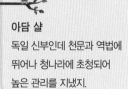

아담 샬
독일 신부인데 천문과 역법에 뛰어나 청나라에 초청되어 높은 관리를 지냈지.

는 신부와도 친하게 지내셨거든요. 그건 조선의 천문학을 더 발전시키기 위해서였지요.

와아~ 서양 신부하고도요?

그래, 나라를 위한 일이라면 꺼리는 것이 없으셨지. 우리 세자 저하가 임금이 되셨다면 조선에 실제로 도움이 되는 외교를 하시면서, 발전된 문물을 받아들여 부강한 나라로 만드셨을 게다. 백성들이 힘들어 하면서 또 전쟁 준비를 하느라 눈물을 흘리는 일은 없었을 텐데…….

이제 그만하세요. 아우가 불편해집니다. 돌이켜 보면 아바마마의 마음을 좀 더 보살피지 못한 제 잘못도 있습니다. 삼전도의 치욕으로 상처받은 아바마마의 마음을 어루만지면서 천천히 설득했다면 좋았을 거란 생각도 듭니다.

저하, 안타까운 마음에 자꾸 뒤돌아보게 됩니다~.

평화를 지키면서 조선을 부강하게 만들겠다는 우리의 꿈은 이루지 못했지만 우리와 같은 뜻을 품은 사람들이 나오지 않겠습니까?

기다려 봅시다. 반드시 실리적인 생각을 가진 사람들이 나와 **대의명분**만 따지는 답답한 조선을 바꾸는 날이 올 것입니다!

대의명분
어떤 일을 할 때 내세우는 합당한 이유란다.

정말이요? 아휴 옥분이 이야기까지는 재미있었는데 임진왜란과 병자호란 이야기가 나오니까 정말 답답하고 한심하더라고요. 다음엔 좋은 이야기를 많이 들었으면 좋겠어요.

 아무렴! 나도 그런 이야기를 듣고 싶구나! 자, 이제 그만, 다들
돌아가실까요?

 예…….

 모두 안녕히 가세요.

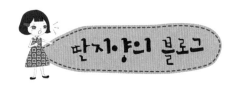

소현 세자와 강빈이 만든 조선은 달랐을 거야

나는 우리에게 삼전도 치욕을 안기고 백성을 60만이나 끌고 간 청나라가 너무 미워서 통쾌하게 혼을 내주는 북벌 정책이 옳다고 생각했다. 평화주의자인 내가 말이다.

그런데 호락호락 토론방에서 이야기를 들어 보니 북벌을 하려면 아주 어마어마한 전쟁이 일어나야 하는 것이고 백성들이 더 큰 고통에 빠지는 일이었다. 청나라 문물을 받아들여 조선을 부강하게 만들자는 소현 세자 말이 더 맞는 거 같다.

소현 세자는 평화를 지키고 청나라의 과학 문명을 받아들여 문화를 발전시키는 실리적인 외교를 펼쳤을 거다. 그리고 농사를 짓고 장사도 해서 청나라에 끌려온 백성을 살렸다는 여장부 강빈과 함께 백성을 사랑하는 정치를 펼쳤을 거 같다. 그랬다면 조선은 안정되고 부강한 나라가 되지 않았을까?

무모하게 북벌 계획을 세운 효종이 왕이 되어 조선이 발전할 수 있는 기회를 놓친 것 같아 아쉽기만 하다.

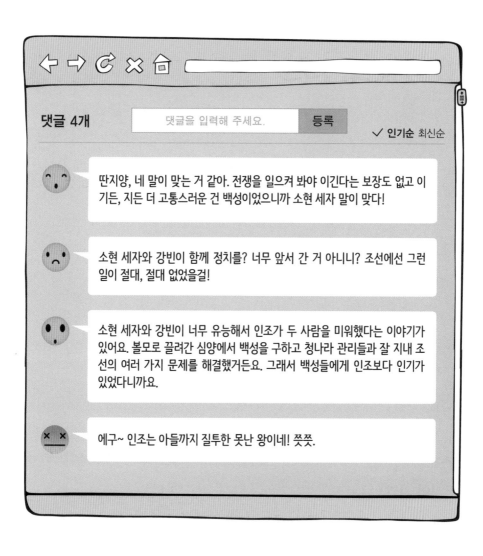

댓글 4개 　　댓글을 입력해 주세요.　　등록　　　✓ 인기순 최신순

딴지양, 네 말이 맞는 거 같아. 전쟁을 일으켜 봐야 이긴다는 보장도 없고 이기든, 지든 더 고통스러운 건 백성이었으니까 소현 세자 말이 맞다!

소현 세자와 강빈이 함께 정치를? 너무 앞서 간 거 아니니? 조선에선 그런 일이 절대, 절대 없었을걸!

소현 세자와 강빈이 너무 유능해서 인조가 두 사람을 미워했다는 이야기가 있어요. 볼모로 끌려간 심양에서 백성을 구하고 청나라 관리들과 잘 지내 조선의 여러 가지 문제를 해결했거든요. 그래서 백성들에게 인조보다 인기가 있었다니까요.

에구~ 인조는 아들까지 질투한 못난 왕이네! 쯧쯧.

자존심과 평화 둘 다 지키고 싶어

　병자호란이 일어나자마자 인조와 신하들은 또 도망을 갔는데 남한산성에 갇혀서도 싸워야 되네, 말아야 되네 다투기만 했다. 독 안에 든 쥐의 꼴이 되었는데도 그러고 싶었을까? 암만 생각해도 임금과 신하들이 참 무능했다.

　그런데 효종은 달랐다. 청나라 군대에 들어가 그들의 약점을 캐내어 북벌을 하겠다는 뜻을 세우고 강한 군대를 키웠기 때문이다. 그리고 강직한 신하를 등용해서 백성들도 보살펴 부강한 나라를 만들려 했다. 공주에게 비단옷도 안 해줄 정도로 돈을 아끼면서 말이다. 그런데 효종이 돌아가시자마자 북벌의 뜻은 사라지고 말았단다. 조선 사람들이 다 같이 힘을 모아 통쾌하게 복수를 해서 삼전도의 치욕을 갚았다면 속이 후련하고 평화도 저절로 얻을 수 있었을 텐데…….

　어떤 사람들은 효종의 북벌 계획이 무모했다고 하지만 나는 자존심과 평화를 지키는 좋은 방법이라고 생각하기 때문에 흐지부지된 게 아쉽기만 하다.

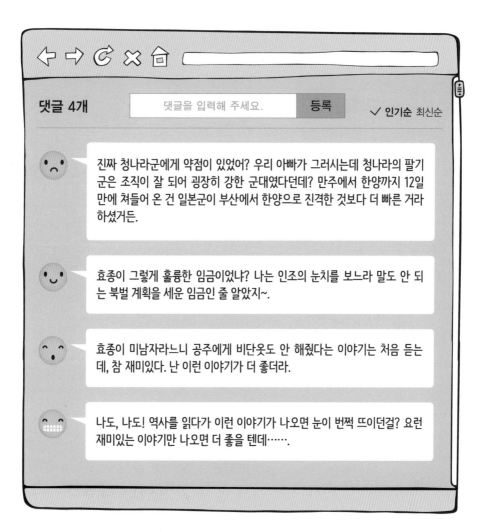

댓글 4개

댓글을 입력해 주세요.   등록

✓ 인기순 최신순

진짜 청나라군에게 약점이 있었어? 우리 아빠가 그러시는데 청나라의 팔기군은 조직이 잘 되어 굉장히 강한 군대였다던데? 만주에서 한양까지 12일 만에 쳐들어 온 건 일본군이 부산에서 한양으로 진격한 것보다 더 빠른 거라 하셨거든.

효종이 그렇게 훌륭한 임금이었냐? 나는 인조의 눈치를 보느라 말도 안 되는 북벌 계획을 세운 임금인 줄 알았지~.

효종이 미남자라느니 공주에게 비단옷도 안 해줬다는 이야기는 처음 듣는데, 참 재미있다. 난 이런 이야기가 더 좋더라.

나도, 나도! 역사를 읽다가 이런 이야기가 나오면 눈이 번쩍 뜨이던걸? 요런 재미있는 이야기만 나오면 더 좋을 텐데…….

한눈에 쏘옥!

임진왜란과 병자호란의 일지란다

임진왜란

1592년

4월 13일 ● 700여 척 왜군이
부산진성 침략

4월 28일 ● 신립 장군 탄금대 전투 대패

4월 30일 ● 선조 피난

5월 3일 ● 왜군 한양 점령

5월 7일 ● 옥포 해전
– 이순신 장군 첫 승리

7월 8일 ● 한산도 대첩
– 이순신 장군 큰 승리

9월 ● 전국 각지 의병 봉기

10월 10일 ● 1차 진주 대첩
– 김시민 장군과 백성들
큰 승리

1593년

1월 ● 명나라 지원군 파견

2월 12일 ● 행주 대첩
권율 장군과 백성들
큰 승리

6월 29일 ● 2차 진주성 전투
조선인 6만 몰살

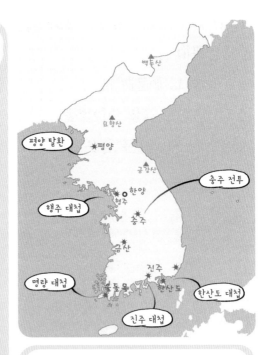

정유재란

1597년 ● 왜군 다시 침략

7월 16일 ● 원균 칠천량 해전 대패

9월 16일 ● 명량 해전
– 조선 13척 VS 왜군 300척 격파

1598년 8월 ● 도요토미 히데요시가 죽자
왜군 철수 시작

11월 19일 ● 노량 해전
– 이순신 장군 순국

임진왜란으로 수많은 사람들이 목숨을 잃고 전 국토가 황폐해져 먹고살기 힘들었는데 미처 복구가 되기도 전에 청나라가 두 번이나 쳐들어왔어. 조선을 뒤흔들었던 전쟁이 어떻게 전개되고 끝이 났는지 일지로 간략하게 정리해 볼게.

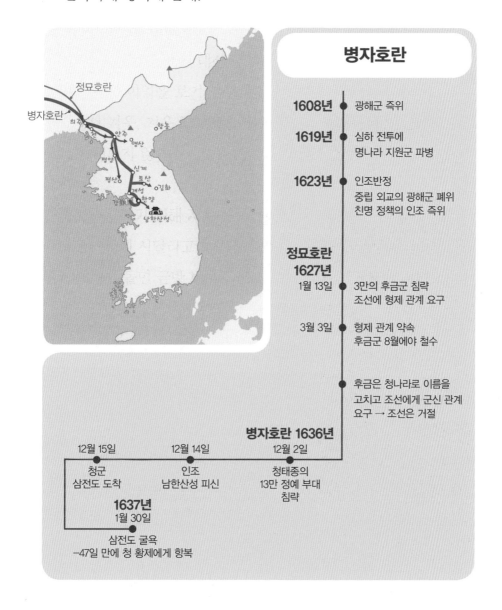

병자호란

1608년 ● 광해군 즉위

1619년 ● 심하 전투에
명나라 지원군 파병

1623년 ● 인조반정
중립 외교의 광해군 폐위
친명 정책의 인조 즉위

**정묘호란
1627년**

1월 13일 ● 3만의 후금군 침략
조선에 형제 관계 요구

3월 3일 ● 형제 관계 약속
후금군 8월에야 철수

● 후금은 청나라로 이름을
고치고 조선에게 군신 관계
요구 → 조선은 거절

병자호란 1636년

12월 15일   12월 14일   12월 2일

청군   인조   청태종의
삼전도 도착   남한산성 피신 13만 정예 부대
                            침략

1637년
1월 30일
●
삼전도 굴욕
-47일 만에 청 황제에게 항복

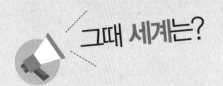

그때 세계는?

16세기부터 유럽에는 절대주의 국가들이 등장했어

새로운 항로를 연 유럽의 여러 나라들은 해상 무역과 식민지 지배권을 두고 치열하게 다퉜어. 강력한 왕권을 가진 나라가 유리했지. 그러자 각 나라의 왕은 권력을 키우며 신이 내린 권한으로 나라를 다스린다는 왕권신수설까지 내세웠어. 이렇게 왕이 아무런 제약 없이 나라를 다스리는 것을 절대주의 국가라고 하는데, 어느 나라의 왕들이 그런 절대 권력을 휘둘렀는지 볼까?

영국 – 엘리자베스 1세(16세기)

영국과 결혼했다는 엘리자베스 1세는 에스파냐의 무적 함대를 무찌르며 해상권을 장악했어. 그리고 에스파냐와 포르투갈이 독점했던 인도 향로 무역에 뛰어들어 해가 지지 않는 대영 제국의 기반을 마련했지.

에스파냐 – 펠리페 2세(16세기)

에스파냐는 가장 먼저 절대주의 국가가 되었어. 식민지인 남아메리카에서 빼앗은 어마어마한 금과 은으로 무적 함대를 만들어 세계 해상권을 장악했거든. 하지만 펠리페 2세가 영국 엘리자베스 1세의 무적함대에 패배하여 해상권을 잃자 쇠퇴하기 시작했단다.

러시아 – 표트르 대제(18세기)

표트르 대제는 먼저 발전한 서유럽의 문물을 받아들이려 애를 썼는데 네덜란드 조선소의 기술자로 위장 취입할 정도였대. 그때 러시아에는 해군이 없었거든. 힘을 키운 표트르 대제는 스웨덴과 전쟁을 벌여 서유럽으로 진출하는 통로를 마련하고 시베리아까지 영토를 넓혔지. 표트르 대제는 러시아를 유럽의 후진국에서 강대국으로 만든 위대한 황제였지만 압제도 만만치 않았단다.

프랑스 – 루이 14세(17세기)

태양왕으로 불린 루이 14세 때가 절대주의의 절정기였어. 루이 14세는 보이는 신으로 추앙받으며 중상주의 정책을 펼치고 학문과 예술을 장려했지. 베르사유 궁전을 지어 화려한 궁정 문화를 만들며 전성기를 누렸단다. 그러나 신교도를 박해하고 전쟁을 자주 벌여 심각한 재정난에 빠져 쇠퇴하고 말았지.

1677년
숙종, 대동법 실시

1678년
상평통보 주조

1725년
영조, 탕평책 실시

1751년
균역법 실시

1760년
청계천 공사

1776년
정조, 규장각 설립

1791년
금난전권 폐지

1796년
수원 화성 완성

1800년
정조 서거

2장

나라는 활기를 되찾았지

나는 수원에 화성을 세울 때
큰 돌을 들어 올리는 거중기를 발명한 정약용이란다.
팔팔한 기운이 넘치던 18세기에 우리 조선도 영조와 정조 임금님
시대를 맞아 다시 활기를 되찾고 뒤처진 제도를 개혁하며
역사의 수레바퀴를 힘껏 돌리고 있었지.
그런데……
정조 임금님이 돌아가시면서 도로 제자리,
아니 오히려 뒷걸음질을 치더구나.
그 아쉽고 안타까운 이야기에 다들 귀를 열어 주렴!

정약용이 들려주는 영·정조 시대 이야기

　『호락호락 한국사』를 읽는 친구들, 안녕? 나는 화성을 지을 때 무거운 돌을 들어 올리는 거중기를 만든 사람이란다. 내가 누군지 아는 친구가 있을까…… 정약용? 어이쿠, 이런! 내가 이리도 단번에 이름이 나오는 유명한 인물일 줄은 몰랐네.

　허허, 그래. 나는 정약용이라는 사람이다. 영조와 정조 임금 시대를 조선의 르네상스라고 하는데 왜 그렇게 말하는지 그 이야기를 들려주마. 르네상스란 다시 태어난다는 프랑스 말이란다. 조선이 다시 태어난다고 할 정도로 무언가 큰 변화가 있었다는 뜻이 아니겠냐?

　나는 정조 임금의 아낌을 받으며 암행어사로 활약하기도 하고 한 고을의 수령으로 있으면서 조선의 잘못된 제도를 고치기도 했지. 한때는 형조의 관리가 되어 잘못된 형벌을 고치려 했지만 정조 임금이 갑작스럽게 세상을 떠나자 유배를 가야 했단다.

　관리로 있었던 세월은 짧았으나 죄인이 되어 백성들의 사는 모습을 옆에서 지켜 본 세월은 길었으니, 그때의 이야기를 고루 전할 수 있을 거 같은데…….

어떠냐, 나와 이야기 길을 함께 걸어 보는 것이? 나는 근엄한 양반 행세는 하지 않을 테니 안심하거라.

붕당 정치

선조 임금부터 붕당 정치가 시작됐다고 들었을 게다. 붕당이란 같은 스승에게 배운 사람들끼리 또는 나라를 다스리는 정책에 같은 의견을 가진 사람들끼리 모인 집단이란다. 그러니까 학문적, 정치적으로 뜻을 같이 하는 사람들이 모인 것이지. 이들은 학문이나 정책에 대해 아주 격렬한 논쟁을 벌여서 마치 싸우는 것 같았어. 하지만 붕

당 정치는 이상적인 정치라고도 할 수 있단다. 왜냐하면 서로 다른 의견을 내어 의논에 의논을 거쳐야 가장 바람직한 정책이 펼쳐질 수 있기 때문이지. 그런데 세월이 갈수록 자기가 속한 당에 이득이 되느냐, 안 되느냐만 따지더구나. 이렇게 제가 속한 당의 이익만 쫓자 나라가 어지러울 만큼 붕당 정치의 폐해는 커졌지.

임진왜란과 병자호란을 겪으면서 붕당 정치는 나라에 도움은커녕 분열만 일으켜 나라를 위태롭게 만들고 백성을 더 힘들게 했어. 권력을 쥔 당이 저들끼리 똘똘 뭉쳐서 임금의 힘을 누르며 혼란해지는 때도 있었지. 인조 임금은 오랑캐에게 항복한 임금이어서 그런지 백성과 신하들에게 권위를 세우기가 힘들었어. 효종 임금은 북벌을 내세우며 강한 조선을 만들려 했지만 신하들이 뜻대로 움직여 주지 않았지. 그 아드님인 현종 임금 때에도 여전히 신하들의 힘이 강해서 붕당 정치의 폐해는 점점 더 심각해졌단다.

대동법을 확대한 숙종

그런데 14세라는 어린 나이의 숙종 임금은 즉위하자마자 아버지인 현종 임금과는 달리 신하들의 힘을 꺾기 시작했어. 권력을 쥐고 있던 당을 하루아침에 바꾸어 버릴 만큼 아주 힘이 강했지. 하지만 임금에게 힘이 되어 주는 당에게만 권력을 몰아주었기 때문에 각 붕당 사이의 싸움은 더욱 치열해졌단다.

반대 쪽 당을 모함하고 **역모 죄**로 몰아 죽이는 일
도 벌어져 다른 당하고는 아예 원수가 되기도 했지.
서로 사귀는 일도 없었고 혼인을 하는 일은 더더욱
없었어. 옷차림까지도 달랐는데 저고리의 깃을 둥글
게 접거나 각이 지게 접어 척 봐도 어느 당 사람인지

역모 죄
지금의 왕을 내쫓고 다른 왕을 세
우려는 것으로 조선에선 가장 큰
죄였지.

드러났지. 백성들은 가뭄과 홍수가 자주 일어나 굶주리고 있었는데
도 아랑곳하지 않고 저희끼리 권력 싸움만 하더구나.

숙종 임금은 신하들에게 하루아침에 권력을 주기도 하고 뺏기도

허구한 날 쌈질들이나
하다니……

하는 무시무시한 임금이었지만 백성들의 고통을 덜어 주려 하셨단다. 지방에 수령을 내려 보낼 때는 반드시 불러서 백성들을 잘 보살피라는 당부도 하고, 자주 암행어사를 보내 수령들이 횡포를 부리지 못하게 하셨지.

그리고 백성들이 바라고 바랐지만 좀처럼 실현되기 어려웠던 대동법을 전국으로 확대하셨어. 그 소식에 감격한 농부들이 덩실덩실 춤을 추었다더구나.

이렇게 대동법이 전국에 시행되기까지는 숨은 공로자가 있는데 그분은 김육 대감이었지. 이분은 숙종 임금의 할아버지인 효종 임금이 정승 자리를 맡기려 하자 글쎄, 대동법 시행을 맡기신다면 그러겠다고 했단다! 한때 숯을 구워 팔 만큼 가난한 백성으로 살았기에 부당한 세금 제도를 고치지 않으면 백성들이 살기 힘들다는 걸 누구보다도 잘 알고 있었거든.

김육 공덕비(경기 평택)

다른 사람들은 신하가 감히 임금에게 조건을 내걸었다며 비난했지만 임금만은 백성을 사랑하는 마음을 알아보셨지. 김육 대감이 반대를 무릅쓰고 뚝심으로 밀어붙인 덕에 경기도와 강원도에서만 시행되던 대동법이 충청도까지 실시됐단다. 대감은 눈을 감는 날까지 대동법이 중단될까 걱

정했는데 다행히 전라도까지 확대되어 백성들의 부
담을 많이 덜게 되었어.

충청도 백성들은 돈을 모아 김육 대감의 공덕에
감사하는 공덕비를 세웠지. 이건 관리의 눈치가 보
여 억지로 세운 공덕비가 아니라 백성들이 정말로
고마워서 세운 공덕비가 아니었을까 한다. 지방 관리들 등쌀에 마지
못해 세워진 가짜 공덕비들이 꽤 많았거든.

대동법이 시행되자 상공업도 발달하고 상평통보도 잘 쓰여졌지. 고
려 숙종 임금도 화폐를 찍어 유통시키려 했지만 잘 되지 않았었지?
그런데 500여 년이 흐른 조선 숙종 임금 때에야 비로소 화폐가 잘
유통되었던 거지. 으흥? 대동법 시행으로 왜 그런 일이 벌어진 건지
이해할 수가 없다고? 그렇다면 도통 모르는 게 없는 내가 잘 풀어서
말해 주마.

각 지역에서 나는 다양한 물건은 공물로 보내져 궁궐에서 요긴하
게 쓰였어. 그런데 이제 쌀이나 옷감, 돈으로 받게 되니 그 물건들
을 구해 줄 사람이 필요해졌지. 그래서 공인들에게 그 일을 맡겼는
데 이게 바로 상공업의 발전을 불러왔단다. 공인이란 나라에 필요한
물건을 만들거나 사서 바치는 사람으로 나라에서 고용한 상인인 셈
이야. 이들에게 궁궐에 바치고도 남는 물건은 시장에 내다 팔 수 있
도록 허락해 주었어.

그러자 물건을 만드는 사람은 돈이 생겨 좋았고 물건이 필요한 사
람은 요긴하게 쓸 수 있어서 모두 신바람이 났지! 이래서 상공업이

발전하게 된 거란다. 그 덕에 상평통보도 제 역할을 다 할 수 있게 되었지.

　그런데 진즉에 대동법이 뿌리를 내렸더라면 백성의 생활이 안정되어 조선은 더 일찍 활기찬 나라가 됐을 텐데, 좀 아쉬운 부분이 있어. 왜냐하면 시행하는 데만 100년이 걸린 데다 양반 지주들이 대동세를 백성에게 떠넘겨 나중엔 백성들에게 큰 도움이 되지 못했으니까.

평안도와 함경도는 세금을 거둬 사신 접대와 군사비를 대는 지역이라 제외되고 제주도는 논도 없을뿐더러 운반도 어려워 제외되었어.

100년 만에 전국 시행

함경도

평안도

1708년
황해도

강원도

1623년

1608년
경기도

1677년

1651년
충청도

경상도

1658년
전라도

대동법 전국 시행

대동법의 본래 뜻은 가난한 백성들에겐 세금을 덜어 주고 땅을 많이 가진 지주들에겐 가진 것만큼 세금을 걷는 것이었지. 그러나 끝내 제대로 되지 못했어. 왜 그랬을까? 이익이 적어지는 것이 못마땅했던 양반 지주와 관료 그리고 방납업자들이 오래도록 줄기차게 반대했거든. 그래서 다 함께 잘 살자는 본래의 뜻은 훼손됐단다. 이 사실을 김육 대감이 아신다면 지하에서도 통곡을 하실 게야. 뵐 면목이 없구면…….

우리 섬을 지킨 용감한 백성 안용복

우리가 왜구의 침략과 임진왜란으로 잠시 울릉도를 비워둔 적이 있었단다. 일본인들의 횡포로부터 우리 백성을 지키기 위한 것이었지. 그런데 이 틈을 타 울릉도와 독도를 제 땅인 양 드나드는 일본인들이 있었어. 울릉도에 갔다가 이들을 본 어부 안용복은 따지고 들다 그들에게 잡혀갔지. 하지만 일본 땅에서도 안용복은 울릉도는 조선 땅이라고 당당히 외쳐 일본 조정의 확인서까지 받았다더구나. 간교한 대마도주에게 빼앗겼지만 말이다.

그런데도 일본인들은 여전히 울릉도와 독도를 넘보았어. 이들의 행태를 참을 수 없었던 안용복은 조선 관리로 위장하고 일본으로 다시 들어갔지. 배짱 좋은 이 사나이는 마침내 울릉도와 독도가 조선 땅이라는 외교 문서가 오가게 만들었어. 그래서 이때의 일본 책과 지

울릉도에서 독도는 하룻길, 일본에선 닷새 길이니 독도는 우리 땅!

안용복 동상(경북 울릉군, 한국관광공사 제공)

도에는 두 섬이 확실하게 조선 땅으로 되어 있단다.

하지만 큰 상을 받아야 할 용감한 백성 안용복은 오히려 매를 맞고 귀양까지 가야 했지. 조선 관리로 위장한 죄라나? 일본의 영토 욕심에 쐐기를 박았던 안용복이 있었기에 울릉도와 독도가 조선 땅이라는 일본 쪽 기록이 남은 건데 말이야. 지금도 일본은 독도가 자기네 섬이라는 억지를 부린다니 안용복은 지하에서도 주먹을 불끈 쥐겠구나.

백성을 사랑한 영조

강력한 왕의 힘을 보여 줬던 숙종 임금이 세상을 떠나자 경종 임금이 뒤를 이었지만 4년 만에 아들도 없이 돌아가셨어. 워낙 병약했거든. 그래서 동생인 영조 임금이 즉위하셨는데 무척 소박하고 백성을 아끼는 분이셨지.

"임금을 위해 백성이 있는 것이 아니라 백성을 위해 임금이 있는 것이다."

라고 말씀하실 정도였단다. 평생을 얇은 옷과 거친 음식을 드시고 헌 버선을 기워 신었으니 효종 임금보다 더 검소하셨을 게야.

사치 금지

워낙 검소한 분이시라 양반들이 사치하는 것을 못마땅해 하셨지.

조금 풍요로워지고 평화가 계속되자 양반들은 사치를 부리고 있었거든. 그것을 막기 위해 금주령과 가체 금지령을 내리셨어. 금주령을 내린 까닭은 백성들이 어렵게 농사지은 쌀로 술을 빚기 때문이었지. 술을 금지한 건 너무한 거 아니냐는 아빠들도 있다기에 이 이야기를 덧붙여야겠구나. 백성들이 농사일의 고달픔을 잊기 위해 마시는 막걸리는 허용하시고 비싼 곡주만 금지하신 거란다.

그리고 양반가의 여자들이 모양을 내기 위해 머리에 쓰는 가체를 금지했지. 가체가 집 한 채 값이 넘기도 했고 지나치게 커서 목이 부러지는 일도 있었기 때문이야. 지체 높은 마나님들 사이에서 누구 머리가 더 비싸고 화려한지 벌어진 경쟁은 하루거리가 아쉬운 백성들에겐 기가 찰 노릇이었을 게다. 하지만 돈 있는 양반들의 사치 풍조는 바로잡기가 차~암 힘들었단다.

균역법 실시

임금이 되시기 전 대궐 밖에서 살아 백성들의 애달픈 사정을 잘 알았던 영조 임금은 호기롭게 세금을 크게 줄이셨어. 백성들이 군대 안 가는 대신 일 년에 두 필씩 내던 **군포**를 한 포씩 내도록 했는데 이걸 균역법이라고 하지.

군포
군대에 가지 않는 대신 내는 옷감을 군포라고 했어.

틈만 나면 베틀에 앉아 시아버지, 남편, 아들의 군포와 식구들 입힐 옷감을 짜던 아낙네들 수고가 많이 덜어졌을 게다. 목화를 심고, 따고, 씨앗을 빼내어 실을 만드는 일부터 한 줄 한 줄 짜기까지 죄

다 아낙네들의 몫이었지. 옷감 한 필을 짜는 데 한두 달이나 걸렸으니 얼마나 힘이 들었겠냐? 베틀에 매었던 이들은 모두 당실당실 춤이라도 추며 어진 임금이 나셨다고 좋아라 했을 게야.

지나친 형벌 금지

지나친 형벌도 금지하셨어. 양반들이 나라의 법대로 하지 않고 마음대로 벌을 주거나 죄인의 얼굴에 문신을 새기는 것을 막으셨고 사형수는 세 번을 살펴 억울한 죽음이 없도록 하셨지. 사람을 죽음에 이르게 하는 고문이나 죽은 사람의 무덤을 파내어 다시 벌을 주는 비인간적인 형벌도 금지하셨어.

청계천 공사

영조 임금은 한양 백성들을 괴롭히던 청계천의 홍수 문제도 해결하셨지. 청계천은 도성의 젖줄이었지만 오래도록 쌓인 흙과 쓰레기를 퍼내지 않아 비만 오면 도성이 물바다가 됐거든. 청계천 바로 옆에 살던 가난한 백성들은 자다가 물에 휩쓸려 가 통곡하는 일도 많았지.

그래서 청계천의 흙을 퍼내어 홍수와 악취를 막고 한양의 가난한 백성들도 구제하기 위한 일석 삼조의 큰 공사를 벌이셨단다. 두 달에 걸쳐 진행된 공사에 21만 명이 넘는 백성들이 동원됐어. 가난한 이에게는 품삯을 주기도 했지만 전국에서 많은 사람들이 스스로 나섰기 때문에 한양의 골칫거리였던 청계천 공사는 대성공이었지.

> 청계천의 썩은 흙을 퍼내는 것은 정말 필요한 일이라네, 아암!

청계천 준설 공사(부산박물관)

이 일은 돈도 어마어마하게 들고 많은 사람들이 도와야만 할 수 있는 일이었어. 뭐, 그렇다고 임금의 힘으로 밀어붙이면 못할 것도 없었지. 하지만 임금은 백성들과 한 마음으로 공사를 하고 싶으셨단다. 강제로 사람들을 동원하면 원망하는 소리도 나오고 일도 대충할 거 아니냐? 그래서 청계천을 새롭게 만드는 일이 필요하다는 것을 알리고 스스로 참여할 때까지 관리와 백성들을 직접 만나 설득하며 4년을 기다리셨어, 4년을! 참으로 현명하고 합리적인 임금 아니시냐?

탕평책 실시

영조 임금은 붕당 정치의 폐해를 끊어 내려고 탕평책을 실시하셨어. 탕평책이란 여러 당의 사람들을 고루 등용하는 정책으로 신하들의 권력 다툼을 막기 위한 거였지.

탕평책
영조와 정조가 인재를 고루 등용해서 당파 사이의 균형을 잡아 당쟁의 폐해를 줄이려 애쓴 정책이야.

그래서 붕당의 중심인 서원이 세워지는 것을 금지하고 같은 붕당의 집안끼리 혼인하는 것도 막으셨어. 이렇게 강력하게 뜻을 밀고 나갔지만 워낙 뿌리가 깊어 화합은 참으로 어려웠단다.

붕당은 이제 그만!
탕탕평평, 고루고루
등용하겠다!

영조 임금은 백성을 무척 아끼는 분이었지만 다음 왕이 될 세자에게는 냉정하고 엄격한 아버지셨지. 그 냉랭한 아버지와 아들 사이에 권력만 쫓는 붕당 정치까지 끼어들자 참으로 슬픈 일이 일어났어. 임금 스스로 세자를 뒤주에 가둬 죽이는 믿기 힘든 일이······.

세자를 지지하지 않던 힘이 센 당이 세자를 모함해서 그렇게 됐다고도 하고 세자에게 정신병이 있어서 죽임을 당했다고도 하더구나. 그러나 무엇이 진실인지는 밝혀지지 않았지. 하나밖에 없던 아드님을 그렇게 모질게 보내고 임금은 마음이 괴로우셨던지 애달프게 생각한다는 '사도'라는 시호를 내리셨어. 그래서 고통스럽고 슬프게 돌아가신 세자는 사도 세자로 불리게 됐지.

52년이라는 조선 역사상 가장 오랜 세월 나라를 다스리던 영조 임금은 사도 세자의 아드님인 정조 임금을 세우고 돌아가셨단다.

개혁의 상징 정조

탕평책 잇기

정조 임금은 즉위하자마자

"나는 사도 세자의 아들이다."

라고 하셨지. 임금의 아버지인 사도 세자를 죽음으로 몰아넣은 사람들은 간담이 서늘했을 게야. 하지만 죄가 큰 몇몇 사람에게만 벌을 주고 사도 세자의 반대편에 섰던 사람들과도 함께 정책을 의논하며 나라를 다스렸어. 아버지의 복수보다 나랏일이 먼저 아니겠냐? 한 나라의 임금은 자신의 편을 들든, 아니든 모든 백성을 품어야 하는 분이니까! 그래서 할아버지의 뜻을 이어받아 탕평책을 펼쳐 신하들을 고루고루 등용하며 나라를 안정시켜 가셨지.

새로운 인재 등용

정조 임금은 학문이 뛰어나신 분으로 아마 세종 임금 다음으로 책을 많이 읽으셨을 게야. 그래서 문벌이나 당의 힘으로 관리가 된 사람들보다는 실력과 능력을 갖춘 관리와 함께 나라를 다스리고 싶어 하셨지. 세종 임금이 집현전으로 인재를 키워 문화를 발전시켰듯이 정조 임금도 **규장각**을 만들어 젊은 인재들을 키우셨어.

규장각
왕의 글씨나 초상화 등을 보관하는 왕실 도서관이야. 하지만 정조 시대에는 학문을 연구하고 책을 편찬하는 일도 했어.

규장각 관리들은 실력이 쟁쟁한 젊은 학자들이었지만 임금이 가끔씩 던지는 질문에는 쩔쩔맸단다. 물론 나, 정약용은 척척 대답을 드려 이쁨을 받았지만 말이다. 임금은 새벽부터 밤까지 바쁘게 일하시면서도 밤을 새워 책을 읽어 공부 꽤나 한다는 학자들도 따라가기 힘들었지.

게다가 더 놀라운 건 규장각의 관리로 서얼을 등용한 거란다. 조선이 세워질 때 태종 임금은 서얼은 과거도 볼 수 없게 했던 거 기억나는지 모르겠구나. 이 법은 조선의 수많은 서얼들의 분노를 일으켰지. 신분 제도에 갇혀 능력이 있어도 반쪽 자리 양반이라 불리며 자신의

규장각(창덕궁)

뜻을 펼칠 수 없었으니 얼마나 원망이 컸겠냐?

　그런데도 잘못된 법을 고치려 하지 않았는데 정조 임금은 400년 만에 서얼들에게 길을 열어 주신 거란다. 그 덕분에 소문난 책벌레 이덕무, 패기만만한 박제가, 웅대한 발해의 역사서를 쓴 유득공, 무예의 달인 백동수 등이 능력을 쏟아 낼 수 있었지.

　뭐, 그렇다고 정조 임금이 학문에만 치우친 것도 아니었단다. 무예 실력도 뛰어나 50발의 화살을 쏘면 49발을 맞추셨거든. 1발도 신하들이 너무 기죽을까 봐 제대로 쏘지 않으신 거라니 태조 이성계처럼 백발백중의 신궁이셨던 거지. 그래서 마치 군대의 사령관처럼 병사들을 강하게 훈련시켜 2만 명의 정예군 장용영도 키워내셨어.

암행어사 파견

조선의 임금 가운데 가장 많은 암행어사를 보낸 분이 바로 정조 임금이지. 암행어사는 임금의 명령으로 신분을 감춘 채 지방의 수령이 잘못하는 일을 바로잡거나 백성들의 억울한 일을 풀어 주는 일을 했어.

"암행어사 출두요!"

이러면 지방의 수령과 아전들이 난리라도 난 듯 허둥지둥하지 않더냐?

나도 암행어사가 되어 백성들이 사는 모습을 보니 참 안타깝기 그지없더구나. 백성들은 밭을 갈아 땀 흘리며 검소하고 정직하게 사는데 못된 관리들은 백성을 밭으로 삼아 제 배를 채우느라 혈안이 되어 있었거든. 그래서 내가 암행어사의 임무를 마치고 수령이 됐을 때는 백성을 괴롭히던 제도는 없애 버렸지.

정조 임금은 탐관오리를 내치고 백성들을 보살피는 방법으로 암행어사 제도를 가장 잘 활용하신 분이셨어. 임금의 뜻을 받들던 신하들은 일할 맛이 나던 때였지.

격쟁 들어주기

백성의 소리를 직접 듣고 싶으셨던 임금은 백성을 만나기 위해 행차를 나가셨어. 수원에 아버지의 무덤을 만들어 자주 뵈러 가셨는데 그때마다 백성들이 구름처럼 몰려들었단다. 임금의 행차는 아주 큰

볼거리였거든.

행차 때마다 임금은 가마를 세우고 격쟁을 들어주셨지. 북과 꽹과리를 울리며 임금에게 직접 하소연할 수 있게 한 것이 격쟁인데 한 번 행차할 때마다 50건이 넘는 일을 해결하셨어. 이 일은 무척 고된 일이었지만 백성은 양반들처럼 상소를 할 수도 없으니 임금이 직접 듣고 해결하려 하신 거란다. 그러면서 백성들의 삶을 더 잘 살피려 하셨지.

금난전권 폐지

금난전권이 무엇인지 궁금하겠지? 나라가 인정한 **시전 상인** 외에 다른 사람들이 한양 도성 안이나 도성 밖 10리까지는 장사를 하지 못하게 한 거란다. 그래서 시전 상인들은 돈을 쉽게 아주 많이 벌었고 부당한 이 법이 계속되도록 높은 관리들에게 뇌물을 바쳤지.

나라가 안정되자 상업도 발전하고 한양의 백성도 두 배 이상 늘어 물건은 많이 필요해졌어. 이렇게 세상이 변화했는데도 시전 상인은 장사 터와 물건을 독점하며 횡포를 부려 오히려 상업이 발달하는 것을 방해하고 있었단다. 조선 초기부터 누려 왔던 특혜를 놓지 않으려고 안간힘을 썼던 게야. 너무 욕심들이 지나쳤지.

그러자 100년에 한 번 나올까 말까 한 명재상 **채제공** 대감이 금난전권을 없애야만 나라가 발전할 것이

시전 상인
나라에서 허가를 받고 장사를 하는 상인들이야. 이들은 세금을 내고 나라에서 필요한 물품을 제공했지만 상권을 독점했지.

채제공
정조 시대에 영의정을 지내며 정조의 개혁을 도운 인물이야. 수원 화성 공사의 총책임자이기도 했어.

라는 말씀을 올렸어. 이를 받아들여 임금은 시전 상인들의 반발에도 단호하게 금난전권을 없애 버렸지.

그러자 전국에 난전이 서면서 조선의 상업은 눈부시게 발전했단다. 꼭 막혔던 시장의 물꼬를 튼 거나 마찬가지였으니까!

화성 건설

"아비를 살려주옵소서."

아버지인 사도 세자가 뒤주에 갇힐 때 어린 세손이었던 정조 임금은 이렇게 울부짖었지……. 아버지의 죽음을 그대로 지켜 볼 수밖에 없었으니 얼마나 마음이 아프셨을까! 그래선지 임금은 이 나라 최고의 명당, 수원 화산에 현륭원이라는 능을 만들어 아버지를 그리로 모셨어. 그리고 자주 그곳으로 행차를 하시며 행차 중에 격쟁도 들으셨던 거란다.

또한 수원에는 화성이라는 아름답고, 웅장하며 실용적인 성을 세우고 임금이 머무르는 행궁도 지으셨어. 현륭원을 호위하고 한양을 방어할 새로운 도시를 만드신 거지.

처음 화성을 세우려 할 때는 10년이 걸릴 거라고 예상했는데 3년도 못 되어 완성했단다! 비법이 무엇이었냐고? 사람들을 강제로 동원해서 그냥 부린 것이 아니라 품삯을 주었거든. 그러자 백성들이 스스로 성을 짓는 일에 몰려들어 신바람 나게 일을 했지. 그리고 맡은 구역에 이름을 올리며 책임을 지게 했더니 튼튼하게도 짓더구나.

거기에 과학에도 뛰어났던 나, 정약용은 성을 설계하고 거중기와 녹로를 만들어 공사 기간을 크게 줄이고 돈도 많이 절약했어. 도르래

거중기

녹로

봉돈
긴급한 일을 연기와 불빛으로 중앙에 알리는 봉수대를 말해. 보통 봉수대는 산 정상에 설치하는데 화성의 봉수대는 성벽에 이어 지어졌지.

공심돈
적을 감시하고 공격하는 두 가지 역할을 할 수 있도록 설계된 시설물인데 내부에 계단이 있어서 망루로 올라갈 수 있단다.

를 이용해서 무거운 것을 들어 올리는 거중기는 2만 5000근이나 되는 돌을 들어 올려 사람들을 놀라게 했지. 역시 도르래를 이용해서 물건을 높은 곳으로 올리는 녹로도 화성을 짓는 데 없어선 안 될 기구였어. 나는 이렇게 여러 방면에서 유능한 사람이었단다. 어떤 사람들은 나를 조선의 레오나르도 다빈치라고 하더구나? 으쓱!

화성은 군사방어 시설로도 아주 훌륭했지. 적의 침입을 알리는 봉화와 적을 막아 낼 포를 결합한 **봉돈** 그리고 적의 움직임을 훤히 알 수 있는 망루와 포를 결합한 **공심돈**이 있었거든. 성과 연결된 길도 열십자로 쭉쭉 뻗어 나가 사람과 물건이 드나들기에도 아주 편리했단다.

아름다우면서도 과학적이고 실용적이기까지 한 화성은 이제 세계가 알아주는 위대한 유산이라고 들었다. 그때도 자랑스러웠지만 지금도 다시 어깨가 으쓱해지는걸!

하나 더 알아 두어야 할 것은 화성을 건설하는 모든 내용과 그곳에 행차해서 잔치를 벌였던 내용을 글과 그림으로 정리한 의궤가 남았다는 거다. 아마 그림만 봐도 그때 그곳에 있는 것 같은 착각이 들 텐데 왜 그런지는 너희들이 직접 알아 보거라.

정조의 어머니 환갑연을
화성에서 치른 8일간의
행적이 기록되어 있어.

원행을묘정리의궤

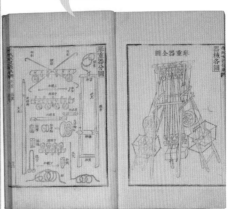

화성을 지을 때의
모든 기록이 담겼어.

화성성역의궤

수원 화성

⓬ 서북공심돈
화서문과 연결된 높이가
13미터나 되는 돈대란다.

⑪ 화서문
빛나는 서쪽 문이란 뜻으로 지어질 때의
모습 그대로래. 성곽 쌓을 모든 재료가
이 문으로 들어왔다던걸.

⑩ 서장대
서쪽에 있는 장대로
장수들이 군사를 지휘하던
곳이야. 사방 백여 리가
한눈에 보이지.

⑨ 행궁
팔달산을 병풍 삼아 지은,
왕이 행차할 때 거처로
삼은 궁인데 57칸이나 되는
장대한 크기였어.

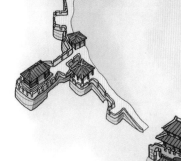

⑧ 팔달문
남쪽 문인데 이 문을 나서면
사방 어디로든 통했단다.

❼ 봉돈
적의 침입을 알리는 봉화와 대포를 설치한 돈대가
합쳐져 아주 실용적인 방어시설이야. 성벽 일부에
툭 튀어나와 설치됐는데 조선에 단 하나뿐인 시설이지.

❶ 장안문
오래도록 평안하고 부강한 나라가 되라는
뜻의 북쪽 문이야. 화성의 모든 문은
흥인지문처럼 적의 침입에 대비해 옹성으로
지었는데 이 문에서 정조를 맞이했대.

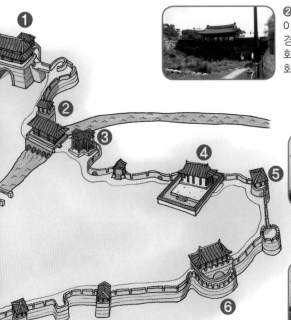

❷ 화홍문
아름다운 무지개 문이란 뜻에 어울리게 주변
경관과 잘 어우러진 문이야.
화성 가운데로 흐르는 물길을 조정하는 7칸의
화강암 다리와 여러 가지 방어시설까지 갖췄지.

❸ 방화수류정
화홍문 동쪽 높은 벼랑에 위치한
아름다운 정자로 사방 팔방이 다
보이는 곳이야. 주변을 감시하고
전투를 지휘하는 장소로 쓰였어.

❹ 동장대
동쪽에 있는 장대로 사방이
트여 있는 높은 곳에 있어
주변을 다 살펴볼 수 있고
병사들의 훈련장으로 쓰였어.

❺ 동북공심돈
창룡문과 연결된 돈대로 망루와
포가 결합되어 있단다.

❻ 창룡문
창룡은 푸른 용이란 뜻으로 동쪽을 지키는
수호신이야. 그래서 동쪽에 있는 이 문을
창룡문이라 한 거지.

완성되지 못한 개혁

정조 임금은 야심차게 화성을 건설하면서 낡은 정치를 깨고 새로운 조선을 꿈꾸셨지만 그 꿈을 펼치기도 전에 덜컥 돌아가시고 말았어. 본격적인 개혁을 펼치려던 바로 그 순간에 말이야. 문화와 예술을 다시 일으키고 상공업을 발달시켰으며 잘못된 제도는 과감하게 버려 백성의 억울함을 풀어 주시던 임금이었는데…… 아~ 허무하고도 허무하다~.

아드님이신 순조 임금이 대를 이었지만 정조 임금이 추진했던 모든 일은 어그러지고 말았지. 순조 임금이 어려서 정조 임금의 반대편에 섰던 당이 권력을 잡았거든. 조선이 다시 태어날 기회는 그렇게 물거품이 되고 함께 일했던 신하들은 내쳐졌어. 그래서 정조 임금의 총애를 한 몸에 받았던 나는 18년이라는 긴 세월을 유배지에서 살아야 했지.

나는 스스로 호를 겨울에 시냇물을 건너듯 주저하고 이웃을 조심한다는 뜻의 '여유당'이라 할 만큼 세상이 두려웠단다. 아는 사람들이 모함을 당해 죽거나 유배를 가니 참담하고 외로웠어. 그 고통을 참으며 글로 풀었는데 500여 권이 넘는다던가? 그래서 훗날 조선 최고의 학자로 불리며 아이들도 이름을 단번에 댈 수 있을 정도로 유명해졌다지만 지난날을 돌이켜 보면 아쉬움만 남는구나. 임금과 더불어 개혁 정치를 펼칠 수 있었다면 조선이 더 빛나지 않았을까 하는 생각이 들 때가 많기 때문이지…….

조선의 실학자들

영조와 정조 임금이 다스리던 때는 변화가 많은 시기였단다. 프랑스에선 백성들이 들고 일어나 왕을 내쫓으며 자유와 평등을 부르짖었다더구나. 거대한 영토를 차지한 청나라는 서양의 과학 문명까지 받아들여 최고의 전성기를 누렸지. 일본도 서양과 접촉하며 자신감에 차 있었다던걸? 17세기부터 유럽의 네덜란드와 나가사키에서 교역을 하며 서양의 문물을 받아들였기 때문이지. 세상은 이미 이제와는 다른 새로운 세상을 향해 꿈틀거리고 있었어.

우리도 나라가 안정되면서 문명의 중심은 조선이라는 자부심이 강해졌지. 다양한 종류의 책이 출판되고 양반이 아닌 사람들도 시와 글을 지어 문화와 예술이 크게 일어났거든. 그래서 정조 임금 시대를 문예 부흥기라고도 한단다.

하지만 문예 부흥이나 조선 사회를 이끌던 성리학은 백성들의 생활에 큰 도움이 되진 못했어. 그래서 실제로 백성의 생활을 이롭게 하고 변화한 세상에 드러난 문제를 해결할 학문이 연구되기 시작했는데 이것을 실학이라고 한단다. 그리고 이 학문을 이끌던 사람들을 실학자라 하는데 이 사람들은 누구이며 어떤 주장을 펼쳤는지 알아보는 건 어떠냐? 내가 바로 실학자였으니 이보다 더 좋은 이야기꾼은 없을 게다.

유형원

농부가 땅을 가져야 나라가 산다

유형원! 이분 이름을 처음 들어보는 친구들이
많을 테지만 실학사상을 이야기할 때 절대 빼놓을
수 없는 분이지. 과거에 급제하셨지만 벼슬길에
는 나서지 않고 농촌에 살면서 나라의 문제를 해
결할 방법을 내놓으셨거든. 백성들과 함께 살아 그들
의 고통을 잘 알았기 때문에 그들 편에 선, 정말 필요한 해결책을 내
놓았으니 잘 들어 보렴.

조선은 두 번의 큰 전쟁을 겪으면서 토지 제도가 엉망이 되고 말
았어. 약삭빠른 양반들이 이런 혼란을 이용해서 땅을 많이 차지하는
바람에 수많은 농부들은 땅을 잃기도 했지. 이들이 이리저리 떠돌다
한양의 빈민이 되는 게 가장 큰 문제였어. 그래서 유형원 어른은 양
반들이 부당하게 가진 땅을 거두어 다시 백성들에게 고루고루 나누
어 주어야 나라가 바로 선다고 주장하셨지. 나라가 백성들이 먹고살
수 있는 땅을 내주어야 세금도 내고 군대도 갈 것이 아니냐는 참으
로 지당한 말씀을 하셨어.

조선의 가장 큰 문제점은 정작 농사를 지어야 할 농부들에게 땅이
없다는 것이었지. 그 문제를 정확하게 짚은 해결책에 그때의 내로라
하는 학자들도 다 우러러봤단다. 우리 스승님, 이익 어른도 이분의
영향을 많이 받으셨지.

농사짓는 어려움을 아는 사람이 관리가 되어야 한다

이익

이익, 이분은 집안 어른들이 당쟁에 휘말리자 과거에 뜻을 접고 평생 농사를 지으셨지. 그러나 세상을 원망하기는커녕 담담하게 농사짓고 공부하면서 낡은 제도를 개혁할 방법을 내놓으셨단다. 땅을 지나치게 많이 가진 양반들 때문에 백성들이 고통당하는 것이니 어느 정도까지만 땅을 가질 수 있게 제한하자고 하셨어. 그리고 아무리 좋은 법도 오래되면 바꿔야 하는 것이라며 농사짓는 어려움을 아는 사람을 관리로 등용하자고도 하셨지. 나아가 서얼, 농민, 노비까지도 차별 없이 등용하자고 했으니 조선의 신분 제도를 뒤집어 버리자는 거나 마찬가지였어. 땅을 많이 가진 고루한 양반들은 혀를 끌끌 찰 이야기였지. 그들이 그동안 가졌던 특권을 포기하라는 거였으니까 말이야. 이분의 주장은 직접 농사지으며 백성의 고통을 경험하고 하신 말씀이라 정말 믿음이 갔어. 그래서 나는 이분을 스승으로 모시고 실학사상을 배웠단다.

백성을 아끼는 관리가 되어야 한다

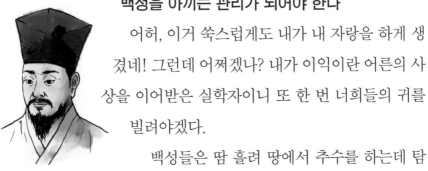

정약용

어허, 이거 쑥스럽게도 내가 내 자랑을 하게 생겼네! 그런데 어쩌겠나? 내가 이익이란 어른의 사상을 이어받은 실학자이니 또 한 번 너희들의 귀를 빌려야겠다.

백성들은 땀 흘려 땅에서 추수를 하는데 탐

관오리들은 아예 백성들에게 추수를 하더라는 말을 했었지? 백성들이 한 해를 견딜 먹거리마저 악착같이 빼앗으려는 탐관오리의 모습은 마치 악귀 같더구나. 그래서 마을마다 땅을 나누어 주어 함께 농사지으며 수고한 만큼 나누어 가지게 하고, 공동으로 농사지은 땅에서만 세금을 거두자고 했단다. 하지만 관리들은 꿈같은 이야기라고만 할 뿐 끄떡도 하지 않았지.

허어, 그런데 이런 주장을 한 건 내가 처음이 아니란다. 성리학자들이 늘 입에 달고 사는 **맹자**가 주장한 것이었는데 그걸 꿈같은 이야기라 비웃다니 그만 헛웃음이 나더구나. 백성을 부릴 때만 공자, 맹자의 사상을 들먹이고 정작 백성을 살릴 맹자 말씀은 헌신짝처럼 내버리다니…… 저들이 진정 성리학을 배운 선비인가 의심스러웠지. 그러니 성리학이 아무짝에도 쓸모없는 학문이란 소리를 들은 거 아니겠냐?

정조 임금이 돌아가신 다음 나는 유배를 당해 더 이상 백성을 위한 정치를 할 수 없었지. 그래서 관리들에게 백성을 가엾이 여겨 바르고 어진 정치를 베풀길 바라는 마음에서 『**목민심서**』를 남겼단다. 청렴한 관리가 되어 백성들의 부담을 덜어 주고 특히 노약자를 잘 보살펴 눈물짓는 백성이 없도록 하는 것이 도리라는 것을 강조했지. 관리가 어버이의 마음으로 백성을 아낀다면 저

맹자
중국의 유학자로 백성을 하늘과 같이 생각하고 안정된 생활을 하도록 국가가 나서야 한다고 주장했어.

맹자 정전제
땅을 정(井)자로 나누어 8개의 땅은 농부들이 각각 농사짓게 하고 가운데 땅은 공동으로 농사지어 세금을 내게 하자는 생각이야. 지나친 세금 문제를 해결하고 땅은 농민들 것이어야 한다는 생각이 잘 드러나 있지.

『목민심서』
수령의 막강한 권한을 백성을 위해 잘 사용하라는 지침서야. 부임하는 날부터 해임하는 날까지 지켜야 할 사항을 기록해 놓았지.

절로 나라가 부강해진다고 생각했거든.

지금까지 세 사람의 주장을 잘 들어 보면 공통점이 보일 텐데 찾아 보렴. 농부에게 땅을 나눠 주어야 한다는 것이 공통점이라고? 어허허, 역시 보통 똑똑한 아이들이 아니구나, 맞다! 모두들 농업이 발전해야 나라가 부강해진다고 말했지. 그래서 우리를 중농학파라고도 한단다. 농사를 중요하게 생각했다는 뜻이지.

아차차, 또 한 분 진정한 실학자인 우리 형님 이야기를 빼놓을 뻔했구나. 우리 집안은 서학 그러니까 서양에서 들어온 천주교를 받아들였다 하여 대부분 유배를 가거나 죽기도 했단다. 나라에서는 조상보다 천주님을 더 섬기며 모든 사람이 평등하다고 가르치는 천주교를 아주 위험한 사상으로 여겨 몹시 박해했거든.

흑산도라는 섬으로 유배 가신 정약전 형님은 그곳 백성들이 변변한 먹거리도 없이 굶주리는 것이 마음 아프셨나 보더라. 그래서 12년 동안 흑산도의 바다 생물을 연구하여 『자산어보』를 남기셨지. 바다를 먹거리로 삼은 백성들이 그곳의 생물을 잘 활용하길 바라는 마음이 보이는 것 같았어. 200종이 넘는 생물의 습성과 요리법 그리고 민간요법까지 자세히 적어 두셨거든. 궁금한 것은 마을 사람들에게 묻고 확인하며 기록하셨다는 이야기에 눈물이 앞을 가리더구나.

나는 백성을 위한답시고 수많은 글을 남겼지만 그게 어디 백성의 한 끼 밥이라도 됐더냐? 그런데 형님이 남긴 『자산어보』는 백성들에게 정말로 밥이 될 만한 소중한 기록이었지. 우리 형님이야말로 진정한 실학자가 아니었나 싶더구나……

전라남도에서 멀리 떨어진 섬으로 바닷물이 푸르다 못해 검게 보여 흑산도라고 했는데 정약전은 흑자가 너무 어두운 느낌이 들어 검다는 뜻이 들어간 자산도로 바꿔 불렀대.

정약전의 『자산어보』

다음에 소개할 실학자들은 우리와는 조금 다른 이야기를 하고 있는데 그건 이야기를 들으면서 찾아보기 바란다. 먼저 박지원 어른 이야기를 해 보마.

청나라에게 배울 건 배워야 한다

박지원

이름난 양반집에서 태어나 마음만 먹으면 벼슬을 할 수 있었는데도 박지원 어른은 부패한 과거 제도를 비판하며 과거를 보지 않았지. 그래서 평생을 가난하게 살았어. 하지만 신분도 가리지 않고 나이의 많고 적음도 따지지 않으며 호방하고 자유롭게 여러 계층의 사람들과 우정을 나누며 살았지. 청나라에 다녀와서 쓴 기행문, 『열하일기』는 문장이 어찌나 거침이 없고 발랄하던지 젊은 선비들에게 대인기였단다.

『열하일기』에서 박지원 어른은 눈부시게 발전한 청나라는 더 이상 오랑캐가 아니라 배울 점이 많은 나라라고 밝혔지. 온갖 수레가 거리를 메울 만큼 상공업이 발달한 청나라를 보고 조선도 상공업을 발전시켜야 한다고 주장했어. 배울 게 있다면 청나라의 깨진 기왓장이나 똥덩이에서도

『열하일기』
박지원이 청나라 건륭제의 칠순을 축하하는 외교 사절단으로 다녀와 쓴 여행기야. 중국과 서양의 문물이 합쳐져 눈부시게 발전하는 청나라의 모습을 생생하게 기록했는데 열하는 황제의 여름 궁전이 있던 곳이란다.

배워야 한다고 쓴소리를 하셨지. 청나라에서는 깨진 기왓장을 버리지 않고 담장에 이어 붙여 아름다운 무늬를 만들어 재활용했거든. 그리고 똥덩이를 거름이나 연료로 사용하는 것을 보고 청나라는 대단히 실용적인 나라라고 생각했지. 조선은 이제 그만 문명국이라는 허세를 버리고 오랑캐에게도 배울 건 배워야 한다고 했다가 고루한 양반들의 미움만 샀단다.

하지만 느지막이 벼슬길에 나서 백성과 함께한 이야기는 뜻있는 사람들에겐 참으로 감동적이었어. 지방의 관리가 되자 편리하게 이용할 도구를 많이 만들어 백성들의 생활을 도와주려고 애를 썼지. 물레방아와 벽돌집 그리고 도르래를 이용한 물 긷는 도구 등을 만들었는데 얼마나 기발하던지 한양까지 소문이 났단다. 실학을 제대로 실천하셨지. 게다가 흉년이 들어 백성들이 굶주리자 죽을 끓여 다 함께 먹으며 위로했다니 내가 『목민심서』에서 당부한 어버이 같은 관리가 바로 박지원 어른이 아닌가 싶구나.

박제가

『북학의』
청나라의 풍속과 제도를 시찰하고 온 박제가가 쓴 책이야. 잘살기 위해서는 청나라의 문물도 받아들여야 한다고 주장한 북학파라는 이름도 이 책에서 비롯됐지.

수레가 달리는 발전한 조선을 꿈꾼다

박지원 어른과 우정을 쌓으며 공부했던 학자 중에 박제가라는 분이 있었지. 이분은 능력은 뛰어났지만 서자 출신이라 벼슬길이 어려웠는데 정조 임금이 규장각의 관리로 등용하면서 재주를 펼칠 수 있었단다.

청나라에 다녀와서는 『북학의』라는 책을 쓰며 그들의 문물을 적극적으로 받아들여야 한다고 주장했어. 무역을 늘리고 상공업을 발달시켜야 나라가 부강해진다고도 했지. 그리고 박지원 어른처럼 벽돌을 이용해서 집을 짓고 길을 넓혀 수레를 활용할 것을 건의했어. 청나라처럼 수많은 수레로 사람과 물건 나르기에 바쁜 발전한 조선을 꿈꿨던 거란다.

홍대용

세상의 중심은 어느 나라나 될 수 있다

중국이 세상의 중심이라는 중화사상은 땅도 넓고 사람도 많은 중국 사람들이 주변의 나라들을 누르기 위해 오래전에 만든 말이야. 주변 나라들은 평화롭게 지내려고 중화사상을 인정했던 것뿐이란다. 그런데 조선은 임진왜란 때 명나라의 도움으로 나라를 지킬 수 있었다며 중화사상을 더 받들었지. 게다가 명나라가 망하자 이제 문명의 중심은 조선이라는 생각까지 하게 됐다고 했잖니?

그런데 이 중화사상을 뒤엎을 만한 책이 나왔단다. 홍대용이란 분이 집안에 과학 기구를 만들어 천체를 연구하고 청나라까지 다녀오더니 『의산문답』이라는 책을 지었는데 이게 보통 책이 아니었어. 처음엔 실옹과 허자라는 사람이 나와서 묻고 답하는 문답놀이 같아 대수롭지 않게 여겼지.

『의산문답』
중국과 조선의 경계에 있는 의무려산에 사는 실옹과 성리학의 대가 허자가 주고받는 이야기를 적은 홍대용의 책이야.

지구는 둥글며 스스로 돈다. 그러므로 어디나 세상의 중심이다!

그런데 우주는 끝없이 넓은 것이라 다들 티끌에 지나지 않으며 우주 자체가 중심이 없이 넓기 때문에 어디가 중심이라고 할 수도 없다는 주장에 정신이 번쩍 들더구나. 세상을 중화와 오랑캐, 문명과 야만으로 나누었던 중국 사람이나 조선의 고루한 성리학자들에겐 꽤 충격적인 이야기였지. 중심이 없다는 건 누구나 중심이 될 수 있다는 것과도 같았으니까!

이분도 박지원 어른을 중심으로 모였던 젊은 인재들과 우정을 나누며 스스로 터득한 뛰어난 과학 이론을 전해 주었어. 그리고 청나라의 문물을 받아들여야 한다고 주장하면서 과학을 발달시켜야 나라가 부강해지는 거라고 하셨지.

우리는 웅대한 역사를 가졌다

유득공

유득공 역시 서자로 태어나 어머니가 삯바느질을 해서 겨우 먹고살았지만 역사와 지리에 뛰어났단다. 그래서 이덕무, 박제가, 백동수와 함께 정조 임금에게 발탁되어 비로소 능력을 펼치게 되었지. 청나라를 여러 번 다녀오면서 발해의 유적을 돌아볼 기회가 있었던 데다 규장각의 책들을 마음껏 볼 수 있었기 때문에 처음으로 발해의 역사를 쓸 수 있었어.

아무도 오래전 한반도 바깥의 역사와 지리에 관심을 갖지 않았는데 이분이 『발해고』를 쓰면서 우리가 얼마나 웅대한 역사를 가진 사람들인가 깨닫게 해 주었지. 『발해고』라는 책이 쓰이지 않았다면 우리는 한반도로 쪼그라든 역사만 기억했을 게야. 유득공, 이분이야말로 우리에게 역사의 넓이를 확 넓혀 준 웅대한 분 아니겠냐?

『발해고』

자, 이제 지금까지 말한 분들의 공통점을 찾아 보거라. 청나라에 다녀왔다고? 옳거니! 모두들 청나라에 다녀왔기 때문에 그들의 발전된 문명을 받아들여야 한다고 주장했고 그래서 북학파라고도 하지. 북학파란 박제가 어른이 쓴 『북학의』에서 따온 이름이란다.

그리고 한 가지를 덧붙인다면 북학파들은 상공업을 일으켜 나라 살림을 넉넉하게 해야 한다고 주장했기 때문에 중상학파라고도 하지. 농업을 일으켜야 한다던 중농학파와는 많이 다른 듯해도 백성들을 보살피고 나라를 부강하게 만들려는 생각은 똑같았단다.

마지막으로 대동여지도를 만든 김정호 이야기는 꼭 해야겠는데 그 까닭은 이야기를 들어 보면 알게 될 거다.

실용적인 지도를 만들다

김정호

김정호는 나보다 훨씬 나중에 태어났으니 분이라는 말은 하지 않으련다. 이 사람은 조선 땅의 큰 지도인 '대동여지도'를 만든 사람이지. 어떤 사람들은 김정호가 전국 방방곡곡을 몇 번이나 돌아다니며 지도를 만들었다고 하던데 우리나라가 그렇게 작단 말이냐? 그 어떤 자가 우리나라를 깎아 내

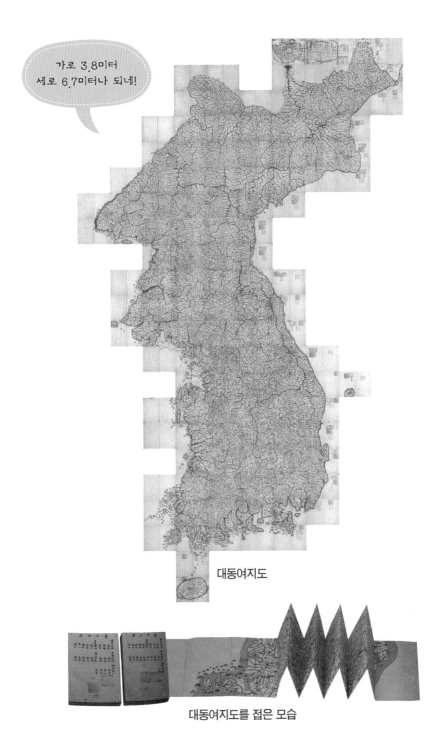

대동여지도

대동여지도를 접은 모습

리려고 한 말을 너희들은 그대로 믿지는 않았겠지?

사실 우리나라는 옛날부터 지도를 만드는 기술이 뛰어나 정확한 지도를 만들 줄 알았단다. 김정호는 그 옛 지도를 바탕으로 아주 크면서도 정밀한 지도를 만들어냈던 것이지.

그런데 이 사람 이야기를 꼭 전하려 했던 건 지도를 만든 방법이 남달랐기 때문이야. 지도를 목판본에 새겨 얼마든지 찍어낼 수 있는 데다가 각 지역의 정보가 정밀하게 담겨져 쓰기에 아주 편리했거든. 산과 내, 고개는 물론 얼마나 걸리는 거리인가도 알 수 있었어. 게다가 물의 깊이까지 표시해서 바지를 걷어붙이고 건너야 되는지 배를 타고 건너야 하는지도 알 수 있었지.

크기가 건물 3층 높이에 200여 첩이지만 갈 지 자로 접으면 책처럼 되어 필요한 부분만 볼 수도 있었단다. 손에 지니고 다니며 볼 수 있는, 실생활에 정말 도움이 되는 지도를 만들 생각을 하다니 김정호는 실학자 중에도 가장 실학의 뜻을 잘 펼친 사람이 아닐까 싶다. 양반이나 관리가 아닌 백성들도 들고 다니고 상인들이 장사하는 데도 도움을 주는 지도를 만들고 싶었던 게야.

긴긴 이야기를 들어 주어서 정말 고맙다. 이제 나는 돌아가련다. 실학에 대해서 더 궁금한 게 있다면 호락호락 토론방에서 실학자들을 직접 만나 들어 보거라.

저자가 직접 강의하는 호락호락 한국사 2장
왼쪽의 QR코드를 찍어서 저자의 강의를 들어 보세요!
만약 QR코드가 안 될 경우에는 아래 링크로 들어오세요.
https://blog.naver.com/damnb0401/221259674619

토론 주제: 실학은 백성들에게 도움이 되었나요?

토론자: 그럴군 과 딴지양 , 이익 , 박지원 ,

유득공 , 김정호

딴지양, 나는 정약용 아저씨의 이야기를 들으며 궁금한 게 생겼어. 백성들의 생활을 도와주는 실학이 정말 널리 쓰였을까 하는 거야. 왜냐하면 실학자들의 이름은 다 처음 들어 보는 이름이었거든. 실학이 널리 쓰였다면 실학자들도 유명해졌을 거 아냐?

그건 그러네. 나도 정약용 아저씨랑 대동여지도의 김정호 아저씨를 빼면 다 처음 들어 봐.

그럴 테지. 실학을 연구하신 분들은 벼슬을 하지 않거나 권력을 잡은 사람들에게 내쳐진 사람들이라 뜻을 펼치기 어려웠으니까.

아, 깡마른 얼굴의 이 아저씨! 어디서 본 거 같은데…… 대동여지도의 김정호 아저씨 아니세요?

어이쿠, 어찌 나를 아느냐?

학교에서 '고산자 김정호'란 영화를 봤거든요! 아저씨가 대동여지도를 만들기 위해 얼마나 고생했는지 알게 됐고요, 그렇게 고생을 한 것도 순전히 백성을 위해서였단 걸 알고 감동했어요.

내 마음을 알아주는 사람들이 생겼다니 정말 고맙구나. 난 이 땅의 사람들이 정확한 지도를 보며 가고 싶은 곳을 제대로 가고, 필요한 물건들이 제때 오가길 바랐을 뿐이다. 그런데 실학자니 뭐니 하면서 치켜세우니 부끄럽기만 하구나.

백성을 위해 제도를 연구하고 평생 실천하신 김육 어른에 비하면 아무것도 아니지. 나는 실학이 그 어른에서 시작한 게 아닐까 한다.

아, 대동법 실시를 허락한다면 정승이 되겠다고 했던 분 말이죠? 돌아가실 때까지 백성들 걱정을 하셨다면서요?

그래, 그분은 집안이 몰락하여 한때 숯장사를 하셨는데 어찌나 부지런한지 도성이 열리자마자 가장 먼저 들어오셨다더구나. 그리 고생을 하셔서 그런지 백성들 편에 서서 정치를 하셨고 대동법만 주장하신 게 아니라 화폐의 편리함도 주장하셨단다. 숯장사를 하시며 물건으로 맞바꾸는 물물 교환을 해 보니 그것이 얼마나 불편한지 직접 겪으셨기 때문이지.

그렇지! 평생 농사 한 번 안 지어 보고 장터에서 실랑이 한 번 안 해 본 사람들이 관리가 되니 백성의 고통을 알 리가 있나? 그러니 실제 백성들에게 도움이 되는 정책이 드물었던 거지.

그래서 어르신께선 손수 농사지으며 농사의 고단함을 아는 사람이 관리가 되어야 한다 그러지 않으셨습니까?

아, 신분을 가리지 말고 서얼이나 노비도 관리로 등용해야 한다던 그, 그…….

이익! 어르신.

어, 대단한데? 딴지양.

백성에게 이익이 되는 실학자. 이렇게 기억하면 되잖아!

허허허, 고 녀석 참 영리하구나. 그래, 나는 이익이라는 사람이다. 유형원 어른의 실학사상을 이어받아 조금 더 연구를 했을 뿐인데 실학자로 불러 주니 고맙구나.

어르신, 겸손이 지나치십니다. 어르신의 『성호사설』도 뛰어난 실학사상을 담고 있지 않습니까?

고산자, 그리 인정해 주니 고맙네. 하지만 뼈대를 세우신 건 유형원 어른일세. 마을을 흐르던 냇가의 이름을 따서 호를 반계라 했던 유형원 어른은 때때로 기록했다는 뜻의 『반계수록』을 남기셨는데 그때부터 이미 훌륭한 책이란 소문이 자자했다네. 그러나 『반계수록』은 100년 뒤에나 영조 임금의 눈에 띄어 관리들의 필독서가 되었지.

그 필독서 핵심만 콕 집어서 이야기해 주시면 안 돼요?

그러지! 『반계수록』의 핵심은 모든 땅은 나라의 것이고 나라의 주인은 백성이니 모든 땅은 백성의 것이라는 거다!
『성호사설』이라는 내 책의 핵심도 이것이고 말이야.

아하, 정말 머리에 쏙 들어오는데요? 그리고 나라의 땅이 다 백성의 것이라니 속도 후련해지고요!

땅을 많이 가진 양반 지주들이 뜨끔했겠는데요?

관리와 양반 지주들은 우리의 주장을 꿈같은 이야기라며 비웃었단다. 저들 잘살 욕심 좀 버리고 나라와 백성과 더불어 태평성대를 이루고자 했다면 못할 것도 없었건만…….

영조 임금이 필독서로 읽으라고 했다면 뭐 좀 달라진 게 아녜요?

그래요, 암행어사로 활약한 정약용 아저씨도 있었잖아요?

농부가 제 땅을 가지고 농업이 살아야 나라가 부강해진다는 우리의 생각은 나라의 정책으로 쓰이지 못했단다. 힘이 약했거든.

그럼, 상공업으로 나라를 일으켜야 한다던 실학자들은요?

그건 내가 이야기하마. 나는 『양반전』, 『허생전』으로 유명한 박지원이라고 한다. 북학파라고 불린 실학사상도 크게 쓰이진 못했단다. 권력을 가진 조정의 관리들은 시대를 보는 눈이 아주 어두웠거든. 뭐 거의 장님이라고 해야 할까?

저, 혹시 양반을 도둑놈이라고 하신 분 아니세요?

어허, 나를 알아보는 아이가 다 있다니, 신기하구나.

아저씨가 쓰신 책은 만화책으로 책방에 쫙 깔렸어요. 저도 아저씨 아는 걸요? 양반 이야기만 아니라 똥 푸는 사람에 거지까지 다 주인공으로 쓰셨잖아요?

그랬지. 그런데 그 이야기들이 만화로 만들어졌단 말이냐? 그런데 만화가 무엇이냐?

만화는 단순한 그림에 글이 약간 들어가는 거라 아이들이 아주 좋아하는 거예요.

재미있는 건가 보구나? 잘 되었다. 내 이야기가 그리 재미있게 만들어졌다니 나도 그 만화라는 것을 한 번 봐야겠구나. 나는 고리타분하고 어려운 건 딱 질색이거든.

그런데, 아저씨! 아저씨는 과거 시험만 보면 벼슬자리를 주겠다는데도 과거를 보지 않았다면서요?

다 썩어 빠진 과거를 봐서 관리가 되면 백성이나 괴롭히려고? 나라의 제도가 바뀌지 않는데 벼슬을 한들 무엇을 할 수 있겠느냐?

그래도 아저씨 같은 생각을 가진 사람들이 나서야 나라가 바뀌는 거 아녜요? 생각만 훌륭하면 뭐 해요? 그걸 펼칠 수 있게 하셨어야죠.

그래, 네 말이 맞다! 그래서 나도 늘그막에 수령이 되어 이것저것 고쳐보려 했다만 백성들은 좋아하는데 조정의 관리들이 시기하여 일을 제대로 할 수가 없었다.
조선은 낡은 제도를 빨리 바꾸어야만 살 수 있었는데도 조정의 관리들은 백성의 고통에 눈을 딱 감고 문명국이라는 허세만 부렸지.

그러면 아저씨 말처럼 청나라의 문물을 받아들이면 조선은 발전할 수 있었던 건가요?

우리 북학파들이 청나라를 다녀와서 느낀 건 청나라는 오랑캐라고 무시할 나라가 전혀 아니었다는 거다. 유럽의 과학 문명을 들여 와 눈부시게 발전한 나라였지.

내 친구들인 홍대용, 이덕무, 박제가, 유득공도 나처럼 청나라의 발전한 모습에 입을 다물 수가 없었다더구나. 그래서 우리는 청나라의 문물을 받아들여 조선도 발전하길 바란 거란다. 오랑캐도 저렇게 발전했는데 문명국 조선이 마음만 먹는다면 못할 게 무엇이냐?

어? 이 말 어디선가 들어본 말 같지 않아?

어쩐지 소현 세자가 생각나는데?

그래, 맞아! 소현 세자의 생각이 실학사상으로 이어진 거야! 소현 세자, 정말 앞을 내다보는 눈도 있었던 거구나…….

음~ 인정! 그런데요, 똥덩어리에서라도 배울 건 배워야 한다는 아저씨의 말씀이 뭔지는 잘 모르겠지만 마음에 훅 들어오던 걸요?

훅이라? 그 표현 아주 좋구나! 재미도 있고 말이야. 나도 틀에 박힌 이야기는 싫어한단다. 그래서 청나라에 다녀온 일을 『열하일기』에 재미나게 썼다가 정조 임금에게 글은 점잖게 써야 한다는 핀잔을 들었지.

크크…… 저도 장난스럽게 쓴다고 가끔 혼나는 걸요. 어쩐지 아저씨하고는 좀 통할 거 같아요.

크크…… 그러냐? 나는 세상 누구하고도 잘 통하는 사람이란다. 허세나 부리는 고집불통 양반만 빼고 말이다.

그런데요, 박지원 아저씨! 저도 그 똥 덩어리 이야기는 무슨 뜻인지 잘 모르겠어요.

어, 그건 허세를 버리고 배울 게 있다면 적극적으로 배우자는 말을 좀 강하게 한 거지.

사실, 박제가와 나는 청나라의 수레와 벽돌집이 기억에 남았단다. 반듯한 길에 온갖 수레가 다니며 상공업이 발달한 모습에 가난한 조선이 겹쳐지면서 마음이 바빠지더구나. 우리 조선도 벽돌로 집을 저리 튼튼하고 빠르게 짓고 널따란 길에 수레가 오가는 부강한 나라가 되었으면 좋겠다 싶었지.

그런데 북학파는 상공업을 일으켜야 한다는 주장만 한 건 아닌 거 같아요.

당연하지! 사회의 모든 부분이 바뀌어야 한다고 생각했으니까 점점 관심 있는 부분이 넓어진 거 아니겠냐?

과학이 발전해야 나라가 부강해진다고 한 아저씨도 있었잖아요?

아, 홍대용 말이냐? 이 친구는 지구 자전설을 스스로 터득한 굉장한 과학자였지.

지구 자전설이 그렇게 대단한 건가요? 우린 다 알고 있는 건데⋯⋯.

아하, 그래? 하지만 중화론을 믿던 사람들에겐 충격이었지. 뭐 아예 새로운 사상은 거들떠보지도 않던 양반들은 무슨 정신 나간 소린가 했지만 말이다.

그 양반들은 게으른 사람들 같아요. 세상은 변했는데 그저 여태껏 그래왔던 것만 받아들이려는 사람들이니까요.

게임도 새로운 게 나오면 빨리 익혀야 하는데, 그래야 애들한테 뒤처지지 않거든요!

어찌 보면 비겁하기도 해요. 세상이 바뀌면 자기가 가졌던 걸 내줘야 하는 게 겁이 났던 거 아닐까요?

하아~ 너희들, 정말 예리하구나. 바로 그거야! 여태껏 누려 왔던 걸 잃어야 할지도 모르니까 낡은 제도와 사상을 꼭 붙들고 있었던 거란다.

형님, 이래서 역사를 배워야 하는 겁니다. 이 어린 친구들이 역사를 배우더니 세상을 바로 보는 눈이 생기네요. 옛 사람들의 자취를 돌아보며 잘못된 것을 거울삼아 제대로 된 길을 열어 가는 것이 역사 아닙니까? 이 어린 친구들에게서 희망이 보입니다.

그래서 자네가 그토록 역사에 몰두했던 거 아닌가? 자네가 아니었다면 저 드넓은 만주에 발해라는 나라가 있었다는 걸 어찌 알았을까 싶네. 이 아이들의 생각이 확 트인 건 순전히 자네 공일세.

그렇지요? 제가 역사의 공간을 활짝 넓혀 놓기는 했지요. 여러 종족과 힘을 합쳐 웅대한 발해를 만들었다는 기록을 해 놓지 않았다면 발해는 영영 남의 땅에 있었던 그저 그런 역사가 되고 말았을 테지요?

한민족만의 한반도 역사로 축소되어 작은 역사만 우리나라 역사로 알았겠지요? 저도 제가 자랑스럽습니다. 허허허.

어린 아이들에게 노래로 역사를 가르치던 자네 모습이 떠오르네그려.

노래로 역사를 가르치셨다고요? 어머, 우리도 역사 노래 있는데! 유득공 아저씨가 원조였나 봐요.

그래? 역시 내 생각이 옳았구나! 아이들에게 박자를 맞춰 가며 역사를 가르쳤더니 금방들 배우더구나. 초롱초롱한 눈망울로 역사를 읊조리던 모습과 너희들 모습이 아주 닮았는걸?

아저씨들의 실학사상이 나라의 정책으로 쓰였다면 얼마나 좋았을까요? 그런데 아저씨들이 높은 관리가 되려고 노력하지 않은 거 아네요?

김육 할아버지는 정승 자리를 놓고 임금에게 대동법을 실시하게 하셨잖아요. 돌아가실 때까지 자기 신념을 굽히지 않으셨대요. 이 정도는 하셨어야죠!

그래, 실학자들이 더 노력했어야 한다는 네 말이 참 마음을 아프게 하는구나. 하지만 실학사상은 끊이지 않고 세상을 개혁하려는 사람들에게 전해졌다고 들었다. 그러니 우리의 노력이 헛된 것은 아니었다고 생각한다.

이다음 이야기는 또 다른 이야기꾼에게 들으렴. 나는 바빠서 이만 가 봐야겠다. 자, 자 이제 그만들 돌아가십시다.

예. 얘들아, 우리 이야기를 해 줘서 참 고맙다. 잘들 있거라!

아니, 박지원 형님! 어디로 가십니까?

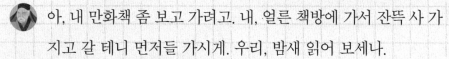 아, 내 만화책 좀 보고 가려고. 내, 얼른 책방에 가서 잔뜩 사 가

지고 갈 테니 먼저들 가시게. 우리, 밤새 읽어 보세나.

   우하하하~.

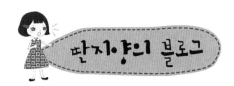

깨달은 건 실천해야 돼

학문이 실제로 백성들에게 도움이 되어야 한다고 주장했던 실학자들의 이야기를 들으며 나는 좀 어리둥절했다. 농사짓는 사람이 땅을 가져야 하며 생활에 편리한 도구를 만들어 쓰는 건 너무나 당연한 것이기 때문이다. 그리고 수레가 다니는 청나라를 부러워했다는 말도 나는 이해할 수 없었다. 고구려의 벽화에도 수레가 나오고 도르래가 달린 두레박이 있었는데 천 년도 훨씬 넘은 조선 시대에 그런 편리한 도구가 없었다니? 15세기에는 과학 강국이었다던 그 조선의 이야기가 맞는지 의아할 정도였다. 예의를 중시하는 성리학만 내세우다 그렇게 된 것일까?

실학이 크게 쓰이지 못했다는 이야기는 더 답답했다. 조선을 바꿀 수 있는 기회를 놓쳤기 때문이다. 나는 조선의 문제를 깨닫고 해결할 방법을 내놓았던 실학자들이 좀 더 열심히 노력했어야 한다고 생각한다. 왜? 깨달은 건 바로, 바로 실천해야 하는 거니까!

← → ↻ ✕ ⌂

댓글 4개

댓글을 입력해 주세요.   등록

✓ 인기순 최신순

😊 실학자들은 잘못된 세상에 맞서 문제가 있으니 고쳐야 한다고 말한 용감한 사람들이에요. 실학자들의 생각은 나라의 문을 여느냐, 마느냐 하는 개화기로 이어져 나라를 발전시키는 씨앗이 됐답니다.

😞 조선 시대에 수레가 없었다고? 나는 드라마에서 많이 봤는데? 딴지양, 너무 조선을 우습게 보는 거 아냐?

😲 있긴 있었는데, 딴지양 말은 수레가 활발하게 다닐 만큼은 아니었다는 거지. 수레가 청나라만큼 다니려면 큰 길이 있어야 하는데 조선은 그 정도까지 상공업이 발전했던 건 아니었나 보더라.

😮 얘들아, 새삼 1400년 전 고구려가 다시 보인다. 고구려는 그때 이미 큰 수레가 다닐 정도로 길이 잘 닦여 있고 도르래를 이용해 물을 길어 먹었다는 거 아니니?!

그렇군의 블로그

크게 쓰이지 못한 실학사상

　나는 교과서에서 실학사상을 강조하기에 실학사상이 널리 쓰인 줄 알았다. 그런데 실학사상을 내놓은 사람들은 대부분 백성들 곁에서 농사를 짓던 양반이거나 높은 관리가 아니어서 크게 쓰이지 못했다고 한다.

　성리학은 조선을 이끄는 사상이었지만 300년이나 흐른 18세기에는 낡은 사상이 되었다. 그래서 성리학도 좀 고쳐 쓰게 됐는데 그게 바로 실학이라고 생각한다. 왜냐하면 새로운 사상처럼 보이는 실학도 가만히 들어 보면 공자와 맹자의 사상을 이야기하고 있기 때문이다. 그런데도 백성의 삶이 나아지는 데 관심이 없었던 높은 관리들은 실학사상을 받아들이지 않았다. 자기들한텐 귀찮고 별로 이득이 되지 않았기 때문이었다. 에이, 게으르고 못된 관리들 같으니라고!

　나라에서 실학사상을 받아들였다면 나라가 고루 발전하고 백성들의 생활이 크게 나아져 세종 시대 같은 전성기가 다시 왔을지도 모르는데……. 아쉽다, 아쉬워!

댓글을 입력해 주세요. 　등록

아~ 그렇군 말이 맞는 거 같아. 나는 실학이 전혀 다른 학문인 줄 알았는데……. 실학도 공자와 맹자님 말씀에서 나온 거구나!

성리학과 실학이 뿌리가 같은 학문이라는 거야? 그럼, 실제로 백성에게 도움이 된다는 실학은 싫어라 하고 양반들 권위를 높여 주는 학문만 좋아했다는 거 아냐? 조선 백성들은 억울했겠다!

성리학이 처음부터 그랬던 건 아니지~. 왜, 나라가 오래되면 사상도 낡고~ 체제도 낡고~ 그러잖아? 고려 말기에는 성리학도 새로운 학문으로 새 나라를 세우는 바탕이 됐었다는 거 잊지 마!

그니까! 모든 건 시대에 맞게 변화해야 되는 거라고. 사람이든, 사상이든, 학문이든 다~ 말이야. 그래야 시대에 뒤떨어지지 않는 거 아니니?

실학자들은 백성들도 잘살길 바랐어

전쟁 복구가 거의 다 되었고 생산량도 많아졌는데 가난한 백성들은 여전히 가난했어. 그래서 이 문제를 연구하고 해결하려는 사람들이 생겼는데 이들을 실학자라고 하지. 방법은 조금씩 달랐지만 실학자들은 백성들을 더 잘 살게 하고 나라를 발전시킬 방법을 고민했단다.

농업을 발전시켜야 한다고 주장한 실학자들

유형원(반계수록)
농부가 땅을 가져야만 합니다. 양반들이 부당하게 가진 땅을 나라에서 거두어 백성들에게 고루 나누어 주어야 세금도 내고 군대도 갈 거 아니겠소?

이익(성호사설)
예나 지금이나 땅을 지나치게 많이 가진 자들이 문제예요. 어느 정도까지만 땅을 가질 수 있도록 하는 한전제를 실시해야지요. 그리고 신분차별 없이 관리로 써야 나라가 바로 설 겁니다.

정약용(목민심서)
마을마다 땅을 나누어 주어 함께 농사짓게 하고 수고한 만큼 나누면 공평하겠지요. 공동으로 농사지은 땅에서 나온 곡식만 세금으로 거두면 백성들이 살기 좋아지지 않겠습니까?

상공업의 중요성을 강조한 실학자들

박지원(열하일기, 양반전, 허생전 등)
배울 게 있다면 문명국이라는 허세를 버리고 청나라의 깨진 기왓장이나
똥덩이에서도 배워야 합니다.

박제가(북학의)
청나라의 발달된 문물을 받아 들여야 합니다.
그래야 상공업이 발달하고 무역도 번성해 나라가 부강해질테니까요.

홍대용(의산문답)
우주는 끝없이 넓어 중심이랄 게 없어요.
중화론 같은 낡은 사상을 버리고 과학을 발달시켜야 나라가 부강해지는
겁니다.

유득공(발해고)
발해 지역을 돌아보며 얼마나 가슴이 뛰던지요!
그래서 우리가 얼마나 웅대한 역사를 가졌는지 알리기 위해 『발해고』를
썼답니다.

그외의 실학자들

정약전(자산어보)
200여 종 넘는 흑산도 바다 생물의 습성과 요리법, 민간요법의
연구가 먹거리가 부족한 백성들에게 필요한 정보라 생각했지요.

김정호(대동여지도)
옛 지도의 도움을 받아 좀 더 크고 세밀한 지도에 각 지역의 정보까지 담은
대동여지도를 만들었지요. 목판이라 얼마든지 찍어낼 수 있고 책처럼 들고
다닐 수도 있답니다.

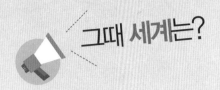

그때 세계는?

과학 혁명과 계몽사상이 인간의 삶을 크게 변화시켰어

· 과학 혁명을 이끈 사람들 ·

코페르니쿠스(1473-1543)

16세기의 천문학자로 지구가 태양의 둘레를 돈다는 지동설을 주장했지. 하지만 교회의 탄압이 두려워 죽은 다음에 발표되었어. 그의 발상이 얼마나 획기적이었던지 코페르니쿠스적 발상의 전환이라는 말이 있을 정도란다.

갈릴레이(1564-1642)

망원경을 직접 만들어 천체를 관측하고 코페르니쿠스의 지동설을 지지했어. 그런데 종교재판에 부쳐지자 이를 부정하고 화형을 면했지. 하지만 집에 돌아와 '그래도 지구는 돈다'고 했다나?

케플러(1571-1630)

인간 계산기라 할 만큼 수학에 뛰어났던 케플러는 스승인 브라헤의 방대한 천체 관측 자료를 넘겨받아 코페르니쿠스의 지동설을 증명했어. 근대 천문과학의 터전을 마련한 거란다.

뉴턴(1642-1727)

우주에 있는 모든 물체들은 서로 끌어당긴다는 만유인력의 법칙을 발견했어. 이후 우주도 기계처럼 하나의 통일된 법칙에 따라 움직인다는 믿음이 퍼졌지.

17세기는 천재들의 시대라 불릴 만큼 수많은 과학자가 나와 과학을 크게 발전시키고 사상에도 큰 영향을 끼쳤어. 과학자들은 지동설을 주장하여 중세의 사상을 허물었지. 그리고 사상가들은 무지와 미신에서 벗어나 불합리한 제도와 관습을 없애자는 계몽사상을 발전시켰어. 과학 혁명과 계몽사상은 근대 세계를 여는 데 큰 역할을 했단다.

· 계몽사상을 펼친 사람들 ·

데카르트(1596-1650)
'나는 생각한다. 고로 존재한다'는 유명한 말을 남겼어. 인간의 이성으로 자연의 이치를 깨달을 수 있다는 뜻으로 신만이 모든 걸 알 수 있다는 중세의 사상을 바꾸어 놓은 거란다.

몽테스키외(1689-1755)
국가 권력은 입법, 행정, 사법의 세 부분으로 나뉘어 서로 균형을 이루어야 개인의 자유를 지킬 수 있다고 했어.

볼테르(1694-1778)
사회의 불의에 저항하고 종교적인 미신을 없애려는 계몽운동을 펼치며 남을 이해하고 받아들이자는 톨레랑스(관용)를 주장했지.

루소(1712-1778)
사람들의 자유로운 계약으로 국가가 만들어져야 하고 국가의 주인은 국민이라고 주장했지. 문명이 사회불평등을 가져왔다며 자연으로 돌아가라고도 했단다.

3장

백성들도 문화를 즐겼어

에헤라, 데야~.
오늘도 그림 그리기 더 없이 좋은 날이로구나~
나는 조선의 천재 화가 김홍도란다.
어떤 사람들은 내 아이큐가 무한대라고 칭찬한다지?
나는 그림, 글씨, 악기에 노래까지 뭐 못하는 게 없긴 했지.
백성들의 모습을 그린 풍속화는 그때를 그대로 보여 주는
다큐 같다던걸? 자, 그럼 풍속화 속으로 들어가
그 시대를 함께 걸어보자꾸나~!

김홍도가 들려주는 백성들 이야기

『호락호락 한국사』를 읽는 친구들, 안녕! 나는 김홍도라고 한다. 뭐? 서당 아이가 혼나는 걸 그린 사람이냐고? 맞다! 내가 바로 그 사람이란다. 금방 알아봐 주니 정말 기분이 좋구나. 내가 그린 풍속화가 이리도 유명할 줄은 몰랐다.

나는 영조와 정조 임금이 다스리던 때에 살던 도화서의 화원이었지. 어려서부터 워낙 그림을 잘 그려서 두 임금의 어진을 그리는 영광을 누렸단다. 어진을 그리는 일은 최고의 화가가 아니면 할 수 없었으니 내가 당시 가장 뛰어난 화가였다고나 할까?

정조 임금은 백성들이 어찌 사는지 몹시 궁금해하시더구나. 그래서 백성들이 사는 모습을 그려다 드렸더니 무척 흡족해하셨지. 임금은 늘 백성의 변화된 모습을 살피려 하셨는데 내가 그린 풍속화가 한몫을 했던 거란다.

자, 그럼 이번엔 풍속화 속으로 들어가 그때의 백성들이 어찌 살았는지 구경 좀 하지 않으련? 내가 그린 풍속화이니 오죽 이야기가 맛깔스럽겠냐!

변화의 바람

18세기는 참 팔팔한 시대였지. 전쟁 복구가 거의 다 되었고 새로운 농법으로 생산량이 많이 늘어 세상이 참 활기차졌거든.

조선은 농업으로 백성과 나라의 살림을 하는 사회여서 늘 더 많은 농작물을 생산하기 위해 애를 썼다는 걸 다들 알게다. 그런데 두 번의 큰 전쟁으로 농사를 지을 수 있는 땅의 2/3나 폐허가 되지 않았어? 그걸 나라와 백성이 나서서 농사지을 땅으로 되돌리느라고 무척 애를 썼지. 그래서 숙종 임금 시절이 되면 거의 다 회복이 됐단다.

그런데다 농사짓는 기술도 크게 발전했어. 벼의 씨앗을 모판에 어느 정도 키웠다가 논에 옮겨 심는 '이앙법'이 발달하면서 농작물의 생산이 크게 늘었지. 그리고 고추나 담배, 면화 같은 특용 작물도 심었는데 쌀농사보다 훨씬 수입이 좋았어.

대동법 덕분에 시장도 크게 늘고 난전도 할 수 있었으니 부자가 되는 농민과 상인이 많이 생겨났지. 그렇다고 모든 백성이 다 부자가 되었단 이야기는 아니야. 땅을 많이 가진 부자 농민이 생겼다는 건 그만큼 땅을 잃어야 하는 사람도 생겼다는 거니까.

게다가 나라에서 농토를 개간하는 사람에게 특혜를 주는 것을 악용해서 양반들은 땅을 엄청나게 불렸지. 집안에서 부리는 노비를 죄다 풀어 땅을 개간하면 그게 다 누구 땅이 되겠냐? 이래저래 농사지을 땅이 없는 가난한 백성들은 양반 지주의 땅을 부쳐 먹으며 어렵게 살거나 일거리를 찾아 한양으로 꾸역꾸역 모여들었지. 그래서 한양의 인구가 두 배 이상 불어나고 이 사람들이 청계천 가에 오두막을 지어 사는 바람에 청계천이 넘치게 된 거란다. 왜냐고? 쓰레기를 청계천에 마구 내다 버렸거든. 그래서 영조 임금이 청계천 공사를 하신 거지.

아무튼 조선은 여기저기 들썩들썩 변화의 바람이 일고 있었어. 정조 임금은 그 모습을 늘 궁금해하셨고 나는 그림으로 빠르게 그려 보여 드렸지. 자, 그 그림들 속으로 들어가 18세기 변화된 모습을 살펴보자꾸나~.

김홍도의 풍속화

대장간

오호, 대장간이로구나. 저 한가운데 흙으로 만든 가마에서 쇠를 녹이면 대장장이가 집게로 들어서 둥근 **모루**에 얹어 놓지. 그러면 솜씨 좋은 대장장이들이 쇳덩이를 떡 치듯 내려쳐 원하는 물건을 만드는 메질을 한단다. 왼쪽의 대장장이는 시뻘건 쇳덩이를 집게로 요리조리 잡아 주어 메질을 잘 할 수 있게 도와주고 있구나. 그리고 메질 틈틈이 물에 담구는 담금질도 해 줘야 단단한 물건을 만들어낼 수 있단다. 메질을 하는 두 대장장이를 좀 보렴, 힘껏 내리치느라 얼굴이 벌겋게 달아올랐는걸!

가마 옆에서 나무에 끈을 매달아 **풀무질**을 하는 녀석도 손을 올렸다 내렸다 하며 가마에 바람을 넣느라 정신이 없구나. 그래야 가마에 불이 잘 일어 쇳덩이가 녹을 테니 쉴 새 없이 줄을 당길 수밖에! 지게를 지고 온 총각은 일깨나 하는 머슴인가, 물병의 물을 살살 부어 가며 숫돌에 낫을 가는데, 손놀림이 아주 제법일세.

'후욱후욱' 풀무질 소리, '어이, 땅~ 어이, 땅' 메질 소리, '치~이익' 담금질 소리, '쓰으쓱~ 쓱쓱~' 낫 가는 소리가 다 어우러지니 경쾌하고 힘찬 음악 소리 같구나. 모두들 자기 일에 몰두하느라 우리가 온지도 모르는 모습이 참 보기 좋은데! 대장간에서 농기구를 만드느라 이렇게 바쁜 걸 보니 경제가 활발하게 돌아가는 게야. 어허, 우리 임금이 아주 좋아하시겠어!

모루
뜨겁게 달군 쇠를 망치로 쳐서 연장을 만들 때 받침으로 쓰는 쇳덩이야.

풀무질
쇠를 녹이기 위해 화덕에 뜨거운 바람을 불어넣는 거야.

논갈이

"이랴아, 이랴아~."

어이쿠, 벌써 농부님네들이 소를 부려 씨 뿌릴 땅을 갈고 있구나! 튼튼해 보이는 두 마리 소가 쟁기를 끌며 겨우내 얼었던 땅을 갈아엎느라 콧김을 풍풍 내뿜고 있어. 저 땅에 박힌 시커먼 것은 보습이라는 건데 땅을 깊게 갈아엎는 도구지. 아마 청동기 때부터 쓰이던 물건이었을 게다. 그런데 두 개나 달렸으니 땅이 더 빨리 갈리겠는걸?

쇠스랑으로 땅을 고르게 하고 있는 농부들은 싱글벙글한 것이 알곡으로 그득할 논을 상상하고 있는가 보구나. 웃통을 벗어젖힌 걸 보니 저 농부는 열심히 일하느라 옷이 다 젖은 모양이야. 저 쇠스랑과 보습도 대장간에서 대장장이들의 땀으로 만들어진 것일 게다.

그런데 말이다, 애들아! 좀 이상한 장면이 있는데 무엇인지 찾을 수 있겠느냐? 힘들게 땅을 가는 소들이 웃는 게 이상하다고? 어허, 소들도 즐겁게 일하면 웃을 수도 있는 거지. 자, 자~ 잘 좀 들여다보거라. 소들이 딛고 있는 땅이 심하게 경사진 게 좀 이상하지 않느냐? 사실 논은 저렇게 경사지면 논이 아니라 밭이란다. 그런데 평평한 땅에 소들을 그리면 힘차게 땅을 가는 모습을 표현할 수 없어 슬쩍 경사지게 그렸는데, 아무도 이상하다고 하지 않더구나. 아니 오히려 소들의 움직임이 기운차게 느껴진다며 나를 천재라고 하던걸? 작은 차이가 명작을 만드는 거란다, 껄껄껄…….

새참

농부들이 빙 둘러앉아서 새참을 먹고 있네. 오뉴월 땡볕 아래에서 논매고 밭매랴 얼마나 힘이 들고 배가 고팠을꼬? 으응, 밥그릇과 숟가락 크기가 너무 크다고? 얘들아, 농사일이라는 게 원래 고된 일이란다. 힘을 낼 거라곤 밥밖에 없으니 저리 밥그릇이 큰 것이지. 순박한 사람들이 반찬 한 가지를 놓고도 아주 맛나게들도 먹는구나!

저 맨 위에 앉은 농부는 막걸리 한 사발을 쭈욱 들이켜고 불끈 힘을 내어 남은 일을 마저 하러 가겠지. 술병을 쥐고 있는 더벅머리 총각 녀석은 달큰한 막걸리 냄새를 저리 킁킁대다간 취할지도 모르겠는걸? 칭얼대는 아이를 업고 저 무거운 새참을 이고 왔을 아낙네와 이제나저제나 밥 한 덩이 던져 주려나 목을 빼고 있는 검둥이까지 모두 정겨운 새참 풍경일세그려!

벼 타작

그리 힘들게들 일하더니 드디어 오늘이 벼 타작하는 날인가 보구나? 볏단을 커다란 통나무에 힘껏 내리쳐 알곡을 털어내느라 싱글벙글 아주 신들이 났구먼, 났어!

그런데 저 자리를 깔고 비스듬히 누워 기다란 곰방대를 빨고 있는 사람은 누굴까? 갓과 도포를 입고 있으니 양반 지주임에 틀림없는데 남들 일하는 곳에서 낮술까지 먹고 취해 있으니 밉상이 따로 없구나. 저 알곡의 반 이상을 가져갈 생각에 흐뭇하기도 하겠지만 말이다. 너무 많이 가져간다고? 뭐 땅주인 마음이니 어쩌겠어? 그래서 실학자들이 농사짓는 사람들이 땅을 가져야 된다고 한 거 아니겠냐?

　그런데 농부들의 옷이 참 여러 가지로구나. 볏단을 지고 오는 이는 앞치마를 걸쳤고 볏단을 들어 올린 더벅머리 총각은 고름이 없는 반소매 옷을 입었어. 털어낸 볏단을 묶는 이는 깜찍한 고깔모자도 쓰고 있지. 그런데 조선을 다룬 영화나 드라마를 보면 백성은 하나같이 흰 바지저고리만 입고 있으니……. 거, 내가 그린 풍속화 좀 보시라고 전해라~.

씨름

　걸판진 씨름 한 판이 벌어졌으니 우리도 구경 한 번 하자꾸나. 사람들이 씨름판을 빙 둘러앉아 씨름꾼들만 눈이 뚫어져라 보고 있는데, 너희들은 누가 이길 거 같으냐? 저 위에 패랭이를 벗어 놓은 남자는 아예 드러누운 걸 보니 좀체 승부가 나지 않고 시간을 꽤 끌었던 모양이야.

　그런데 이제 곧 승부가 날 거 같은데…… 앞에 있는 다부지게 생긴 씨름꾼이 상대를 들어 올려 다리가 벌렁 들렸으니 이제 어디로 나가떨어지는가만 남았지 싶다. 그런데 어디로 쓰러질지 짐작이 가느냐? 맨 아래 두 사람이 뒤로 손을 짚으며 입을

'어' 하고 벌린 걸 보니 바로 그쪽으로 넘어갈 거 같구나.

그런데 말이다, 애들아! 이 씨름판엔 신분의 귀하고 천함이 보이질 않는구나. 양반이나 백성이나 땅바닥에 털퍼덕 주저앉아 응원을 하고 씨름꾼으로도 나서고 있는 걸 보니 하늘 같은 양반이 아니라 이웃 같은 양반이 된 것이 아닐까? 아니면 공명첩이나 양반 족보를 사는 바람에 양반이 흔해져서일까? 둘 다라고? 허허허, 너희들 말이 맞는 것 같구나!

서당

이 그림은 김홍도 하면 얼른 떠오르는 그림이 됐다지? 호랑이같이 무서운 훈장님과 눈물 닦는 아이를 가운데 두고 아이들이 키득대고 있는 걸 보니 서당이 맞구나. 열심히 공부해서 부모보다는 낫게 살라

고 없는 살림에 서당에 보냈건만 아, 저 녀석은 뭘 잘못했기에 훈장님이 저토록 화가 나신 걸까? 그런데 친구가 꾸지람을 들어 울고 있는데 새들새들 웃고들 있다니……. 그나마 댕기머리 어린 녀석들은 이해가 간다만 저, 저 갓을 쓴 자는 벌써 장가든

양반 아니냐? 그런데도 어린 녀석들과 웃고 있어? 에이, 저리 철딱서니가 없으니 과거 급제는 다 틀렸다!

자리 짜기

남편은 자리를 짜고 아내는 물레를 돌려 실을 잣고 아이는 글을 읽고 있으니 참 평화로워 보이기는 하는데……. 어쩐지 속사정이 있는 것 같구나. 탕건을 쓴 걸 보니 양반이긴 한데 아내와 함께 자리나 짜는 모습으로 보아 아마도 집안이 많이 기운 모양이야. 이런 이들을 몰락 양반이라 하지. 과거에 붙기는 낙타가 바늘구멍 들어가기보다 어려운 데다 과거 제도도 이미 썩을 대로 썩어 이런 사람들이 많단다. 그래도 부부가 열심히 일하며 아이에게 희망을 걸고 있구나.

길쌈

젊은 아낙네가 베틀에 앉아 얼굴이 벌게지도록 손을 놀리고 있는데 시어머니와 애들은 보채고 참 고단해 보이네. 식구들 옷감이며, 세금이 며 시장에 내다 팔 옷감까지 짜느라 쉴 새 없이 일하는 것이 조선 여인 들의 삶이니 어쩌겠어?

저기 잔뜩 웅크린 아낙네는 실에 풀을 먹이느라 한 번도 일어나질 못하는구나. 얼마나 다리가 저리고 아플꼬? 한 줄 한 줄 고루고루 풀 을 먹이고 숯불에 말려야 실이 튼튼해서 옷감을 짤 때 끊어지지 않기 때문에 저런 수고를 하는 거란다.

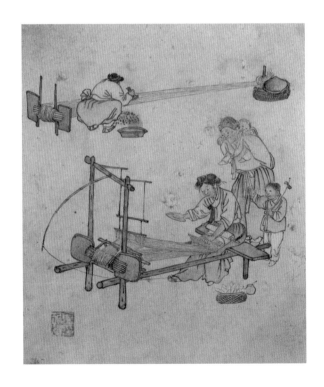

길쌈은 옛날부터 아낙네가 해야 할 중요한 일이라 잘 못하면 쫓겨
나기도 했지. 그래서 저 아낙네처럼 부스스한 머리를 매만질 새도 없
이 애들이 칭얼대건 말건 베틀에 매달릴 수밖에 없었을 게야.

행상

벙거지 모자를 눌러쓰고 지게
에 나무통을 진 사내와 아기를 둘
러업은 채 생선 광주리를 인 아낙
네는 부부란다. 저 나무통엔 아마
도 젓갈이 들었을 테고 어깨에 잔
뜩 힘이 들어간 것으로 보아 무게
도 만만치 않을 테지. 그런데 저
아낙네 차림새를 보니 여간 다부
진 게 아닐세그려. 저고리 안에 아
이를 밀어 넣고 치마를 질끈 동여
맨 데다 남자들처럼 행전까지 차

질 않았나? 머리에 인 광주리는 양쪽이 쳐질 만큼 생선을 채워 넣었
으니 좀 무겁고 냄새는 또 오죽이나 날까? 그런데도 부부가 쳐다보
는 눈은 정답기만 하니 열심히 사는 모습에 가슴이 뭉클해지는구먼!
점 하나만 쿡 찍었는데도 정이 묻어나는 눈동자를 만들다니 나는 정
말 천재 화가일세그려. 하하하······.

우물가

아니, 그런데 이게 뭔가? 아낙네들이나 오가는 우물가에 윗옷은 다 풀어 제쳐 배꼽을 드러내고 갓은 벗어 쥔 채 벌컥벌컥 물을 들이켜는 양반이라니! 어허, 이거 참 양반 체면이 말이 아닐세. 그러니 뒤쪽에 물동이를 인 아낙네가 입을 삐죽이며 중얼거리고 있지 않은가? 뭐라 하는지 들어 보니

'돈으로 족보를 산 불량 양반.'

아, 이러는구먼. 하늘 같은 양반에서 이웃 같은 양반이 되더니 이젠 불량 양반이라? 양반이 하도 많아지니 별별 양반이 다 나오는 모양일세그려. 세상이 변하긴 많이 변한 모양이야.

신윤복의 풍속화

내가 풍속화의 으뜸이긴 하지만 또 한 사람 버금가는 이가 있는데 그 사람이 바로 신윤복이야. 나는 먹으로 진하거나 옅게 그릴 뿐 색칠도 별로 하지 않았는데 신윤복 이 사람은 색을 아주 화려하게 썼지. 그래서 그림이 한눈에 쑤욱 들어오는 매력이 있었어. 그런데도 도화서에서 쫓겨나는 불행을 겪었는데 왜 그런지는 너희들이 찾아보아라.

칼춤

으흠, 양반들의 모습은 백성들하고는 확연하게 다르지? 어느 양반 집에서 잔치를 벌인 건지 악공까지 불러 장안에서 유행하는 칼춤을 감상하고 있구나.

"창~ 창~ 차장창."

ⓒ 간송미술문화재단

경쾌한 칼 소리와 악기 소리 그리고 사락거리는 기생의 비단 치마 소리가 잘 어울려 가슴을 조였다, 풀었다 하는 게 아주 기가 막혀!

그런데 이 칼춤 겨루기에서 누가 이긴 거 같으냐? 내 보기엔 붉은 치마를 입은 기생이 이겼다고 본다. 두 발을 딱 짚고 서서 양손의 칼을 단단하게 쥐고 있지 않느냐? 맞은편 푸른 치마를 입은 기생은 양손이 한쪽으로 쏠리고 한 발이 들린 듯 휘청거리는 모습이니, 아마도 내 말이 맞을 게다. 그런데 이 잔치를 연 양반은 권력과 돈이 많은 분인가 보다. 저리 많은 악공과 최고의 실력을 갖춘 기생을 부른 걸 보니 말이야. 힘들게 사는 백성들은 눈살을 찌푸리겠구나.

봄나들이

어허, 이 젊은 양반들 좀 보게나! 진달래가 흐드러지게 피자 아마 들놀이를 다녀오는 것일 테지. 그런데 많이들 취한 모양이야. 자기가

© 간송미술문화재단

탈 말에 기생을 앉히고 말몰이꾼이나 쓰는 모자를 뺏어 썼구나. 이
런, 이런……. 말고삐까지 쥐고 있으니 스스로 말몰이꾼이 됐는가 보
네? 기생에게 곰방대에 불을 붙여 담배 심부름까지 하고 있으니 이
거야, 원 양반 체면은 다 어디로 간 건지, 쯧쯧…….

　진짜 말몰이꾼은 저 뒤에서 빼앗긴 모자 대신 양반의 갓을 들고서
터덜터덜 걸어오고 있구먼. 그런데 표정을 보니 젊은 양반들의 꼴불
견에 단단히 화가 난 모양일세. 껄껄껄……. 젊은 양반들의 흥이 넘
쳐 봄나들이가 지나쳤던 게야.

단오 풍경

　오호, 이 뛰어난 색감 좀 보시게. 그림이 어찌나 생생한지 저 그네
를 뛰려는 여인네는 그네를 뛰다 나를 칠 것만 같으이. 냇가에서 거
침없이 머리 감고 멱을 감는 여인들, 삼단 같은 머리를 빗어 내리는

© 간송미술문화재단

당당한 여인이 참 아름답구나. 그런데 여인들의 달콤하면서도 명랑한 분위기가 나만 부러운 건 아니었나 보네? 저 바위 뒤 까까머리 녀석들도 훔쳐보며 소리 없이 웃고 있으니 말이야, 허허허…….

미인도

살포시 노리개를 쥐고 서 있는 새초롬한 모습의 미인을 그렸구먼. 여인네의 고운 자태뿐만 아니라 웃는 듯 마는 듯 알 수 없는 여인의

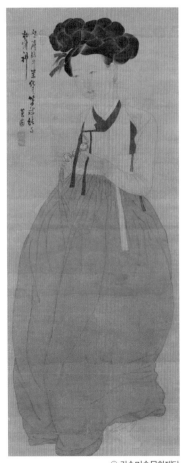

© 간송미술문화재단

마음까지 그렸으니 명작 중의 명작이야. 어찌 저리 붓끝 하나로 사람의 마음까지 그려 내어 보는 이의 마음까지 홀리는지 하늘이 내린 솜씨일세! 그래서 지금도 이 미인도가 전시될 때면 주변의 교통까지 마비될 정도로 사람들이 몰린다고 들었네. 아마 신윤복은 모든 시대의 사람의 마음을 훔치는 도둑님(?) 아닌가 싶어.

그런데 신윤복이 왜 도화서에서 쫓겨났는지 그 이유를 이제 다들 알지 싶은데……. 양반들의 들키고 싶지 않은 모습을 그려서인 거 같다고? 정~답! 그러니 신윤복은 양반들의 미움을 사서 도화서에서도 쫓겨났단 소릴 들은 거라네. 그나마 그림은 남아서 그때의 일을 잘 보여 주고 있다니 참 다행이지 뭔가!

백성들이 즐긴 문화

예전엔 문화라는 것이 양반들이나 즐기
는 것으로 알았는데 18세기에 이르러서는
백성들도 문화를 즐기게 됐지. 그만큼 형편
이 많이 나아진 거라고나 할까?

물론 양반들처럼 성리학을 토론거리로
삼거나 시를 짓고 그림을 그리진 않았지만
독특하고 재미난 문화를 만들어냈단다. 소

『심청전』

설, 판소리, 탈춤, 민화 같은 새로운 문화가 생겨났는데 그걸 하나하
나 이야기해 보마.

세종 임금 덕에 한글로 쓴 소설이 유행했는데 양반집 아씨부터 민
가의 아낙네들까지 소설이라면 거짓말 쪼끔 보태서 먹던 숟가락도
팔아 읽을 정도였어. 소설의 주인공들이 슬픈 일을 당하면 함께 울
고 기쁜 일이 생기면 제 일인 듯 웃었으니 소설에 아주 푸욱 빠졌던
거지. 오죽하면 채제공 대감이 소설 읽다가 집안 살림이 거덜나겠다
는 걱정을 다 하셨을꼬?

판소리 다섯 마당

소설로 즐기던 이야기들은 노래가 되어 사람들의 마음을 또 빼앗
았는데 그게 바로 판소리라네. 판소리는 소리꾼이 노래와 이야기를
섞어 가며 하는데 때와 장소에 어울리게 어찌나 분위기를 잘 맞추던

지 사람들이 아주 좋아했지. 그때그때 듣는 사람들의 기분에 맞춰 흥을 돋우기도 하고 눈물바다를 만들게도 했거든.

북장단을 맡은 고수가 '얼쑤' 하고 추임새를 넣으면 사람들도 함께 '얼쑤' 하고 장단을 맞추며 판소리에 빠져들었지. 소리꾼과 고수 그리고 백성들이 함께 만드는 판소리 한마당이라고나 할까? 판소리는 무슨 특별한 무대가 있는 것이 아니라 그냥 마당에서 다 함께 어우러져 즐겼기 때문에 마당이라고 했지.

판소리는 처음엔 12가지의 이야기 그러니까 열두 마당이 있었는데 지금까지 전하는 건 다섯 마당뿐이라고 하더군. 아버지의 눈을 뜨게 하려고 심당수 깊은 물에 몸을 던진 심청가, 이몽룡과의 사랑에 목숨을 건 춘향가, 부러진 제비 다리 고쳐 주어 복 받은 흥부가, 병든 임금에게 간을 빼앗길 뻔한 토끼의 이야기인 수궁가, 중국의 조조와 유비, 손권의 전쟁을 다룬 적벽가 이렇게 다섯 마당이 남았다지?

심청가에서는 어린 심청이가 아버지의 눈을 뜨게 하려고 공양미 300석에 몸이 팔려 심당수에 뛰어드는 장면이 제일 사람들을 울렸다네.

"에구, 저런, 가여워서 어쩌누……."

하면서 여기저기서 탄식이 쏟아지고 눈물을 찍어내느라 옷고름이 흠뻑 젖고는 했으니까.

어린 심청이가 집채만 한 파도에 놀라 이리 기우뚱 저리 기우뚱하다 철퍼덕 주저앉으며

"아이고~ 아버지~."

　하면서 두려워할 때는 나도 눈물이 절로 나더구나. 세상살이가 팍팍했던 백성들은 눈먼 아버지를 모시고 동냥질로 살았던 어린 심청이가 남의 일 같지 않았던 게야. 그래서 바다에 빠진 심청이를 연꽃으로 살려내고 다시 왕비로 만들지 않더냐? 현실에선 있을 수 없는 일이었지만 이야기는 백성의 것이니 누가 뭐랄 수 있겠어? 장애를 가진 데다 가난하게 사는 사람을 나라가 구해 주지 않으니 백성들은 이야기에서나마 심청이를 살려내었지. 그러고는 백성을 사랑하는 왕비로 만들고 심봉사마저 눈을 뜨는 기적을 만들어 서로 위로했던 거란다.

　춘향가도 평범한 이야기는 아니었어. 조선 시대엔 관기의 딸은 관기나 마찬가지인데 그런 춘향이가 장원 급제한 이몽룡과 혼인하여 양반 마님이 된다는 건 절대, 절대 있을 수 없는 일이었지. 이몽룡과 춘향이의 달달한 사랑 이야기도 백성의 마음을 사로잡았지만 기생의 딸도 안방마님이 되는 일이 생기길 바란 거란다. 벽처럼 가로막힌 신분 제도가 팍 깨지길 원했던 게야.

그리고 수청을 들라고 매질하는 변 사또 앞에서 춘향이가 또박또박 변 사또의 잘못을 짚을 때 그리고 이몽룡이 잔치에 거렁뱅이로 나타나 기름진 음식은 백성들의 피눈물이라고 호통칠 때 사람들은 가슴이 뻥 뚫리는 거 같다고 하더구나. 그게 바로 백성들이 하고 싶은 말이었을 테니까. 판소리가 답답하고 막힌 가슴을 시원하게 뚫어 주는 얼음 식혜 같았으니 판소리를 안 좋아할 수가 있나!

슬근슬근 톱질이야~

흥부가 또한 아낌을 많이 받은 판소리였지. 조선은 날이 갈수록 조상의 제사를 첫째 아들에게 맡기면서 재산도 몰아주었어. 놀부가 부모의 재산을 다 차지한 것처럼 말이야. 그러니 흥부와 같은 신세가 된 사람들이 많았을 거 아니냐? 흥부의 서글픈 사정이 자기 이야기 같았겠지.

가난한 데다 자식까지 많은 흥부네가 겪는 이야기는 좀 과장되었지만 소리판을 늘 웃음바다로 만들었단다. 흥부가 놀부에게 도움을 청하러 갔다가 형수에게 밥주걱으로 뺨을 맞는 장면에선 박수를 치며 웃어 댔지. 뺨을 맞다가 밥풀이 붙자 다른 쪽 뺨도 내밀며 더 때려 달라고 했거든.

흥부가 제비 다리를 고쳐 주는 착한 마음씨 덕분에 박을 타며 복을 받는 장면에선 모두 내 일처럼 기뻐했어. 왜 아니겠냐? 백성들은 복을 받고 오래 사는 것이 가장 큰 소원이었으니까.

"슬근슬근 톱질이야~."

하면서 박을 탈 때마다 어떤 복이 쏟아지려나 기대에 찬 눈빛들이었는데 꼭 흥부의 눈빛이었단다. 그때만큼은 고달픈 세상사를 잊은 얼굴들이었지.

흥부 다리를 일부러 부러뜨리고 억지로 복을 받으려던 놀부가 박을 탈 때마다 벌을 받는 장면에선 사람들이 크게 웃으며 즐거워했지. 다들 못되고 욕심 많은 자가 하늘의 벌을 받는 걸 보고 싶어 했으니까!

수궁가는 용궁의 임금이 죽을병에 걸리자 토끼의 간만이 살릴 수 있다며 벌어지는 이야기란다. 임금은 백성을 보살피다가 병이 든 것이 아니라 날마다 잔치를 벌여 너무 많이 먹고 마셔서 병이 났는데 저 살자고 토끼를 죽이려 들었지. 아마도 포악한 임금이 떠올랐을 게다. 그리고 늘 쫓기며 사는 토끼의 모습에서는 자신들의 처지가 겹

간을 내놓아라.

헐, 제 목숨만 귀하다는 거야?

쳐졌겠지. 그래서 죽음에 몰린 순간에 간은 넣었다 뺐다 하는 물건이라며 능청을 떠는 토끼를 응원하며 가슴 졸였어. 뭍으로 올라와 세상 어느 짐승이 간을 뺐다 넣었다 할 수 있냐며 줄행랑을 치는 장면에선 배꼽을 잡고 통쾌해했지. 세상살이에 치여 가끔 속아 넘어가기도 하지만 결국 어찌어찌 위기를 넘기는 토끼가 꼭 백성들 같지 않으냐?

적벽가는 좀 낯선 이야기라고? 그럴 게다. 조선 사람들이야 워낙 서당에서부터 우리 역사보다는 중국의 역사와 이야기를 더 많이 들으니 모두들 아는 이야기다만 너희들한테는 낯설겠지.

우리나라에 삼국이 있었을 때 중국도 삼국 시대였단다. 조조, 유비, 손권이 다스리는 위, 촉, 오 세 나라가 있었지. 그 세 나라 사이에서 아주 유명한 전투가 벌어졌는데 그게 바로 적벽대전이란다. 그 전투에서 조조는 유비와 손권의 화공 작전에 크게 져서 도망치다가 유비의 부하인 관우에게 목숨을 구걸하여 겨우 살아났지.

이 이야기가 백성들에게 인기가 있었던 건 전쟁에 끌려 나온 이름 없는 군사들이 죽는 장면을 서럽게 들려주었기 때문이란다. 유명한 장수들이야 전쟁을 벌이면 공로를 인정받아 벼슬이 높아지고 잘하면 임금이 되기도 했어. 하지만 백성들이야 끌려 나와 이래 죽고 저래 죽을 수밖에 없었고 죽어서도 귀한 대접을 못 받았지. 하지만 누구에게나 목숨은 하나인데 귀하지 않은 목숨이 어디 있겠냐? 그 마음을 알았던지 적벽가에선 죽어가는 사람들의 모습을 하나하나 읊었는데 그게 백성들의 눈시울을 적셨단

화공 작전
불을 사용하여 적을 공격하는 건데 『손자병법』에는 화공은 사람과 물자 모두를 해치니 최후에 써야 할 작전이라고 했지.

다. 이름도 없이 허무하게 죽어 가는 군사들이 꼭 자기들 같았던 게지…….

판소리가 아주 긴 이야기인데도 넋을 놓고 들었던 건 바로 백성들의 이야기를 하고 있기 때문이었어. 함께 웃고 울며 위로를 받았으니까! 이 판소리가 어찌나 재미나던지 나중엔 양반들도 제 집으로 소리꾼을 불러들였어. 백성의 문화를 양반들도 즐기게 됐던 거지. 소리꾼들은 지금의 유명 연예인만큼이나 인기가 높았단다.

탈놀이

　백성의 마음을 후련하게 했던 놀이가 하나 더 있는데 그게 탈을 뒤집어쓰고 하던 탈놀이였어. 얼굴에 탈 하나를 쓰고 하고 싶은 이야기를 마음껏 했지. 양반의 잘못을 콕콕 꼬집고 어리석다고 비웃기도 하면서 마음에 응어리진 것을 다 풀어내니 백성들이 손뼉을 치고 크게 웃으며 즐거워했어.

전국 탈놀이

그러다 잡혀가지 않았느냐고? 허허, 뒤에서는 임금님 욕도 하는 법이란다. 탈놀이하는 걸 잡아갔다간 백성들 원망이 하늘을 찌를 텐데, 그 뒷감당을 어찌 하려고 그런 미련한 짓을 하겠느냐?

그리고 없는 이야기를 하는 것도 아니었으니 마음이 좀 불편해도 질끈 눈을 감아 줄 수밖에 없었지. 그만큼 양반들이 잘못하는 게 많~았거든.

호랑이와 까치

민화

여유가 생긴 백성들은 양반들만 누리던 그림을 집안에 걸 수도 있게 되었지. 백성들의 그림이라 '민화'로 불리는 그림들은 단순하면서도 색깔이 화려하고 독특했어. 뭐, 그리고 싶은 것을 형식에 얽매이지 않고 마음대로 그려서인지 재미있는 그림들이 많았지. 민화가 무엇인지 감상을 좀 해 볼까나?

호랑이와 까치 그림은 나쁜 기운을 물리치는 힘이 있

다고 믿었기 때문에 많이들 좋아했단다. 백성들은 호랑이가 사람을 해치는 '호환'을 아주 무서워했어. 산속의 호랑이에게 해를 당하는 일이 종종 있었기 때문이지. 그런데 묘하게도 여기에 그려진 호랑이는 등을 쓰다듬으면 '허흐흥' 하면서 웃을 거 같구나. 우리 백성들은 무서움조차 친근함으로 바꾸는 참으로 기발한 사람들이었지.

저 호랑이는 어쩐지 밤마다 '어슬렁어슬렁' 마을을 돌면서 백성들의 고달픈 사연을 엿듣는 영물이 아니었을까 싶다. 그래서 딱한 사정을 가진 사람들 이야기를 까치에게 전하고 까치는 하늘의 옥황상제에게 전해서 문제를 해결해 줬던 건 아닐까?

꽃그림은 옛날 옛적부터 사랑받던 거였지. 특히 모란은 부귀영화를 가져다주는 꽃으로 유명해서 여기저기에 불려 다닌 꽃이란다. 이렇게 흐드러지게 핀 모란을 잔뜩 그려 화려하게 장식해 놓으면 저절로 부귀영화가 굴러 들어오지 않았겠느냐? 그래서 궁궐에서도 저 모란 그림은 많은 사랑을 받았단다.

충, 효 문자도

위에 나오는 그림을 보면서 "이게 그림이야, 글자야?" 하는 친구들도 있을 게다. 이건 글자와 그림이 섞여 '문자도'라 하지. 조선 사람들은 충효를 가장 중요하게 생각했다고 여러 번 들었을 테지? 그래야 나라의 질서가 잡히니까, 『삼강행실도』라는 그림책까지 만들어 강조했던 거지. 충과 효 글자를 그림과 연결해서 이렇게 재미난 문자도도 만들었구나!

그런데 백성들에게 가장 인기가 많았던 글자는 목숨 수(壽) 자와 복 복(福) 자였단다. 백성들의 가장 큰 소원은 오래 살며 복을 누리는 거였거든. 그래서 행복하게 오래 살기를 바라는 마음에서 목숨 수 자와 복 복 자를 가득 쓴 '백수백복도'를 많이들 그려서 벽에 걸어 두었지. 슬그머니 옥분이 할머니가 들려준 복 이야기가 떠오르는구나.

지금까지 소개한 우리 그림을 자세히 들여다보면 글에서는 찾을 수 없는 진짜 조선 사람들의 모습을 발견하게 될 테니 앞으로도 쭈욱 눈을 크게 뜨고 들여다보렴! 자, 내 이야기는 여기서 그만 접어야겠다.

그런데 말이다, 애들아! 이 책에

백수백복도

소개된 것 말고도 내가 그린 풍속화들을 꼼꼼히 들여다보면 조금씩 틀리게 그린 부분이 있단다. 그걸 하나하나 찾아내는 재미도 꽤나 쏠쏠할 테니 찾아들 보아라. 너희를 즐겁게 하기 위해 일부러 그랬느냐고? 글쎄다, 그건 안 가르쳐 주~지!

저자가 직접 강의하는 호락호락 한국사 3장
왼쪽의 QR코드를 찍어서 저자의 강의를 들어 보세요!
만약 QR코드가 안 될 경우에는 아래 링크로 들어오세요.
https://blog.naver.com/damnb0401/221259675123

토론 주제 : 여자는 정말 과거를 볼 수 없었을까?

토론자 : 그렇군 과 딴지양 , 고려 여인 염경애 ,

신사임당 , 허난설헌 , 김만덕 , 덴동 어미

이번 주제가 "여자는 정말 과거를 볼 수 없었을까?"라면서?
헐~ 나는 이번 토론은 해 보나마나라고 생각해. 조선 시대는
남녀차별도 심하고 여자는 호패도 없었잖아? 그러니 당연히
과거도 볼 수 없었겠지. 관리 중에 여자가 있었단 이야기를 들
어 본 적이 있냐?

어쩐지 기분이 안 좋아지려고 한다~. 진짜 『경국대전』에도 여
자는 과거를 볼 수 없다고 쓰여 있는지 알아봐야 되는 거 아냐?

옛날부터 여자가 남자와 겨뤄 사회에서 성공하는 일은 없었단
다. 그저 남자의 성공을 위해 뒤에서 도와주는 일을 했을 뿐이지.

어, 신사임당? 님!

나를 어찌 그리 빨리 알아보는 게냐?

큭, 얘는 돈에 관심이 엄청 많거든요. 신사임당 님이 5만 원짜

리 지폐에 나와요.

아~ 화폐를 말하는 거로구나. 여인들의 위상이 아주 높아진 증거겠지?

높아진 정도가 아니라 아예 남자들을 누르고 있죠. 우리 반 남자애들은 여자애들한테 꼼짝도 못하는걸요?

『경국대전』에 여자는 과거를 볼 수 없다고 쓰여 있나요?

그건 아니란다.

와우, 그거 봐! 여자를 차별한다는 법은 없었는데 권력을 잡은 사람들이 다 남자니까 마음대로 과거를 볼 수 없게 했을 거야. 그렇죠?

아니, 얘야! 너무나 당연한 거라 쓸 필요도 없었다는 이야기다. 조선은 남자가 중심이 되는 사회였잖니?

오~ 예! 그렇군의 승리! 딴지양, 우길 걸 우겨라~.

너무하네요. 이야기할 가치도 없단 거잖아요? 그런데 조선 시대만 그랬던 거 아녜요?어제 고려 시대 여인에 관한 글을 읽다가 깜짝 놀랐거든요. 조선 시대하고는 다른 거 같아서요. 그렇군, 너도 한 번 읽어 볼래?

그래, 줘봐. 음~ "아내의 이름은 경애였다. 병이 들어 세상을 떠나게 되니, 나의 한이 어떠하였겠는가? 믿음으로써 맹세하노니, 그대는 감히 잊지 못하리라. 무덤에 함께 묻히지 못하는 일 애통하고 애통하도다……." 이게 뭐야?

고려 시대 때 최루백이라는 사람이 아내가 죽자 쓴 묘지명이래.

와~ 사이가 엄청 좋았나 보다.

그렇지? 그런데 고려 여인의 이름이 우리 엄마 이름하고 같은 거 있지? 엄청 현대적이야. 그리고 남편이 아내를 위해 이런 글을 남길 정도면 고려 사회는 뭐가 달라도 다르지 않았을까?

물론 달랐지! 그것도 아주 많이. 나는 지금 너희들이 이야기하고 있는 염경애란다.

어머, 이렇게 뵙게 될 줄은 몰랐어요.

그래, 딴지양! 고려와 조선이 얼마나 달랐는지 그 이야기부터 듣고 싶겠지? 고려에선 여자라고 해서 차별이 심하지는 않았단다. 고려는 조선처럼 딸을 시집보내는 것이 아니라 남자가 장가를 드는 것이라 여자는 친정에서 부모님을 모시고 함께 살았지. 그리고 아들이든 딸이든 똑같이 재산을 나누어 주었고 제사도 지낼 수 있었어. 조선에선 여자가 재혼하는 것을 부끄럽게 여겼지만 고려에서는 자유롭게 연애도 하고 재혼도 했지. 하지만 처음으로 과거 제도를 만든 고려에서도 여자는 과거를 볼 수 없었단다. 신사임당 말처럼 옛날부터 여자가 글공부를 하여 사회에 진출하는 일은 없었지.

염경애 님, 우리 조선도 처음엔 남녀차별이 그리 심하지 않았답니다. 제가 바로 그 증거지요. 경기도 사람인 제 남편은 강릉까지 장가들러 왔고요, 저는 20년이나 친정 부모님과 함께 살았으니까요. 그리고 아들, 딸 가리지 않고 재산도 골고루 나눠 주었답니다.

어, 어~. 고려나 조선이나 다른 게 없잖아?

그럴 리가! 아주 달랐지. 나는 『홍길동전』으로 유명한 허균의 누이, 허난설헌이란다. 나는 어려서부터 시를 잘 지어 신동으로 소문이 자자했어. 하지만 여자에게 삼종지도를 강요하는 집안으로 시집을 가서 구박만 받다가 스물일곱에 죽고 말았지. 죽은 다음에도 남자들이나 써야 할 시를 여자가 썼다고 비난을 받았다더구나.

어~ 두 분 다 조선 시대에 살던 분들인데 왜 이렇게 다른 거죠? 그리고 삼종지도는 또 뭐예요?

신사임당 님은 16세기 중반까지 사신 분이고 나는 16세기 말에 살던 사람이니 그리 시대 차이는 나지 않지. 하지만 성리학이 깊게 뿌리내리면서 남녀차별이 심해졌단다. 삼종지도란 여자는 혼인하기 전에는 아버지 말씀을, 혼인 후에는 남편을 그리고 늙어서는 아들의 말에 따라야 한다는 거란다.

아니, 여자가 뭐 어린애인가요? 계속 남자들 말만 따르라니, 말도 안 돼요.

삼강오륜에서 부부유별을 강조하던데 부부유별이 남녀차별인가 봐요?

부부유별이란 남녀가 해야 할 일이 다르다는 거지, 차별하라는 건 아니었어. 하지만 성리학이 널리 퍼질수록 남녀가 하는 일을 엄격하게 구분한다는 것이 차별로 굳어졌지.

신사임당 님은 고추보다 맵다는 시집살이도 안 하시고 글과 그림에 뛰어난 재능을 펼치실 수 있었으니 참 행복하셨지요?

그야, 허난설헌 아우님보다야 나았지만 내가 과거를 볼 수 있었다면 관리가 되어 더 큰일을 하지 않았을까 싶네. 자네가 다섯 살에 지었다는 시는 기개가 아주 뛰어난 놀라운 시라 들었네. 그 재능을 인정받지도 못하고 펼쳐 보지도 못했으니 정말 안타까운 일일세.

조선에서는 여자가 글재주를 타고 났다는 건 재앙이지요. 그저 언문이나 익히고 남편 뒷바라지나 하면서 아들을 낳아 대를 이어 주고 그 아들을 출세시키는 것이 최고였으니까요. 남편보다 뛰어났던 저는 남편에게도, 시어른들께도 미움을 받으며 서럽게 살다가 두 아이마저 돌림병으로 잃는 불행을 당했지요. 제 불행이 글재주에서 시작된 거 같아 써 왔던 시들을 다 태웠는데……제 아우, 허균이 남아 있던 시를 모아 책으로 엮었던가 봐요. 그게 명나라와 일본에 알려져 지금까지 사랑받고 있다네요.

와~ 그렇게 유명한 분인 줄 몰랐어요.

양반집 여인들이 이렇게 살았다면 다른 사람들은 어땠을까 궁금해지는데요?

민가의 여인들은 법도를 따라야 하는 양반집 여인들보다 자유로웠지만 일이 참 많았단다. 아이 키우며 집안일, 농사일, 길쌈까지 힘든 일은 다 했으니까.

그렇지요. 365일 산더미 같은 일에 치여 살았으니까요. 새벽같이 일어나 물 긷고 쌀 찧어 밥해야죠, 길쌈해서 식구들 옷 짓고

장에 내다 팔아 살림에 보태야죠. 방망이로 두들겨 옷 빨고 마르면 다듬이질해야죠, 밭 매다 새참 내가야죠, 목화 심고 깨 타작하고…… 아이고, 해도 해도 끝이 없는 게 일이었다우.

누구~세요?

나? 나는 덴동 어미라고 한다. 조선 시대 노래 속에 등장하는 인물인데 고생, 고생하다 하나 낳은 아들이 불에 데어 덴동이라 불리니 그 어미인 나는 덴동 어미라 불렸지.

헉, 이름에서도 불행한 일을 겪었다는 게 드러나네요.

우리 같은 천한 사람이야 양반댁 아씨들처럼 특별한 이름이 있었겠니? 우리는 시집오기 전 살던 곳의 이름으로 불렸지. 영주댁, 안성댁으로 말이다.

그중에도 자네는 참 서러운 이름을 가졌구먼. 살아온 이야기 좀 해 보시게.

예, 아씨! 저는 아전의 딸로 태어나서 재산도 좀 있는 남편을 얻어 얼마간은 행복했지요. 그런데 남편이 죽자 불행이 꼬리를 문 듯 일어나지 뭐예요? 여자 혼자 살기가 어려워 재혼을 여러 번 했는데 남편들이 돌림병으로 죽거나 산사태가 나서 죽고 늘그막에 얻은 아들이 불에 데여…… 에구…….

남편들이라고요? 조선은 재혼을 부끄럽게 여겼다면서요?

그랬지. 하지만 가난한 여자가 혼자 어떻게 살아가겠니? 부끄러움보다 배고픈 고통이 더 컸지. 그래서 여러 번 혼인을 할 수밖에 없었다.

사실 삼강오륜이나 관혼상제, 재혼 금지 같은 건 양반이나 지키던 도리였는데 점점 성리학이 강조되면서 백성들까지 지키게 된 거란다. 하지만 가난한 사람들이야 그걸 지키기가 어디 쉬웠겠니? 덴동 어미처럼 재산도 없는 여자는 혼인이라도 해야 목숨을 이어 갈 수 있었지.

그래, 덴동 어미가 수절하지 못한 것은 가난 때문이지, 잘못이 아니란다. 재혼을 금지하면서도 과부를 돌보지 않은 나라의 잘못이지, 덴동 어미가 무슨 잘못이겠어! 그런데 남자들은 여자가 죽으면 수절하지 않으면서 여자에게만 수절을 강요하다니, 참 몹쓸 제도 아니냐? 나도 먼저 죽게 됐을 때 남편에게 재혼하지 말라고 그렇게 신신당부했는데, 결국 술주정뱅이 후처를 얻더구나…….

아내와 아들이 유명한 분이니 남편도 유명한 분 아닌가요?

이 원수!

네? 아무리 재혼했다고 그렇게 대놓고 원수라고 하시다니…….

남편 되시는 분이 바로 이 자, 원 자, 수 자 쓰는 분이란다.

헐~ 죄송합니다.

양반댁 아씨들, 민가의 아낙네들이야 그래도 사람 대접을 받았다지만 우리 같은 천한 신분은 말하는 짐승쯤으로 여겨졌으니 그 슬픔이 얼마나 컸겠습니까? 저는 한때 제주 기생이었던 김만덕이라 합니다.

알아요, 알아요! 기근이 들어 제주 백성들이 굶어 죽게 되자 전 재산을 털어 사람들을 구하셨잖아요?

그래, 우리 정조 임금님이 채제공 대감에게 내 이야기를 쓰게 한 덕에 어린 너희들도 나를 알고 있구나. 내가 뭘 그리 큰일을 했다고…….

아우님, 전 재산을 다 털어 백성을 구하는 일은 여느 남자들도 못하는 일이라네. 아니, 남자들이야 그런 일을 하면 벼슬을 받으니 출세를 하려고 가끔 곳간을 열긴 했지만 여자인 자네에겐 아무것도 생기는 것이 없지 않은가? 그런데도 전 재산을 내어 백성을 구한 건 역사에 길이길이 남을 일이었네.

어쩌면 타고난 재주로 그림과 글이나 남긴 우리보다 훨씬 훌륭한 일을 한 진짜 영웅일세!

그러게 말이에요. 게다가 기생이었다니 차별이 심했을 텐데…….
그 역경을 다 딛고 일어선 여인이라 정말 놀랍군요. 고려엔 그런 여인이 없으니 부끄럽습니다.

그런데 기생이 어떻게 그런 일을 했어요?

사실 나는 양인이었단다. 그런데 부모님이 일찍 돌아가셔서 의지할 곳 없는 나를 관가의 기생이 키워 주었어. 그래서 관기가 될 수밖에 없었지. 그러나 평생을 관가의 물건 취급을 당할 수 없다는 생각에 양인으로 되돌려 달라는 청을 넣었는데 그게 받아들여져 새 삶을 살 수 있었단다.

신분이 바뀔 수도 있는 거예요?

거의 불가능하지. 하지만 목숨을 걸고 하소연하며 제주 사람들을 위해 살겠다 하니 겨우 받아들여지더구나. 그래서 열심히 장사를 해서 큰 부자가 되었고 흉년이 들었을 때 사람들을 도울 수 있었지.

조선은 남녀차별이 심해서 여자가 할 수 있는 일은 별로 없었다던데 어떻게 장사를 해서 큰 부자가 된 거죠?

나는 제주에만 나는 물건을 육지에 팔고 육지에만 있는 물건을 사다 제주에 팔았는데 언제나 제값을 쳐 주고 신용도 잘 지켰단다. 그리고 배가 오가는 곳에서 사람들이 하는 이야기를 귀담아 들었지. 어디에 무슨 일이 일어났는지 잘 들어 두었다가 필요한 물건을 잘 사고판 덕분에 거상이라는 소리를 듣게 됐단다.

우와~ 정보를 잘 활용한 거네요? 제주 섬에 앉아서도 전국의 사정을 꿰뚫어 보다니 진짜 '만리보기 천리보기'였네요.

자네는 웬만한 남자들보다 백 번은 나은 듯싶네. 차별만 없었다면 나라를 구할 인물일세. 그나저나 전 재산을 털어 백성을 살리니 나라에서는 뭘 해 주던가? 남자였다면 꽤 큰 벼슬을 내렸을 텐데…….

제가 여자이다 보니 벼슬을 내리진 않았고요, 저도 그걸 바란 건 아니니 섭섭하진 않았습니다. 대신 평생 소원하던 궁궐과 금강산을 구경했지요. 임금을 뵙고, 금강산을 둘러보고 '김만덕전'이라는 글도 남겼으니 무슨 여한이 있겠어요?

에게~ 그게 뭐예요? 남자라면 크게 출세했을 거라던데요?

제주에서는 여자가 평생 섬을 벗어날 수 없었는데 제주를 벗어나 더 큰 세상을 본 것만도 영광이지.

네에? 여자는 섬을 벗어날 수가 없었다고요? 에구, 그렇게 제약이 많았는데도 거상이 된 거네요.

그러니 남녀차별만 없었다면 더 훌륭한 여자 영웅들이 나오지 않았겠니?

여자들도 과거를 볼 수 있었다면 조정엔 치마 입은 관리들이 넘쳐났을 게다.

그렇지요! 제 능력만 다 발휘할 수 있었다면 아마 엄청났을 거예요. 아쉬워요, 아쉬워…….

말씀 감사합니다. 어렵게 모이셨으니 이야기꽃 더 피우다 가세요.

그래, 우리 이야기는 밤새 이어질 거 같으니 너희는 먼저 돌아가거라.

옙!

부부유별은 남녀차별이 아니라더니

옥분이가 삼강오륜을 이야기하며 부부유별을 설명할 때는 남자와 여자가 맡은 역할이 다를 뿐이지 차별이라는 소리로 들리지 않았다. 그래서 혹시나 『경국대전』에는 여자도 과거는 볼 수 있다고 하지 않았을까 생각했다. 그런데 역시나였다!

아주 오래전부터 동양이나, 서양이나 여자가 남자와 동등하게 겨뤄 본 적이 없다고 한다. 그나마 지금처럼 남녀가 평등해진 건 100여 년밖에 안 됐단다. 헐~ 이럴 수가! 그렇다면 여지껏 세상은 남자들 차지였다는 이야기다. 억울하다는 생각이 쑤욱 올라왔다.

세상의 반이나 되는 여자들의 능력을 무시했으니 세상이 요만큼밖에 발전하지 못한 거지. 조선도 여자가 능력을 갖게 될까 봐 삼종지도니 뭐니 하면서 꼼짝 못하게 했기 때문에 제대로 발전하지 못하고 초라하게 망한 거다. 부부유별의 본래 뜻은 남녀의 차이를 이야기한 것이라지만 결국은 차별과 억압이 되어 반쪽의 역사를 만들었을 뿐이다. 앞으론 어림도 없다!

댓글 4개 [댓글을 입력해 주세요.] **등록**

✓ 인기순 최신순

남녀평등이 100여 년밖에 안 됐어? 아하~ 그럼, 요 100년 사이에 세상이 아주 빠르게 발전한 건 다 우리 여자들 때문이구나!

그러네! 여자들이 능력을 발휘하게 되니까 세상이 달라지고 있잖아? 진즉에 그랬으면 세상은 훨씬 좋아졌을 거다, 안 그래?

얘들아, 내가 허난설헌을 검색해 봤더니 진짜 중국과 일본에서 더 알아주는 시인이더라? 그런데 우리만 잘 모르다니 진짜 너무하단 생각이 들었어.

여러 여성 예술가 중에서도 허난설헌이 특히 미움을 받았던 건 시가 남자들만 쓰는 것이라고 생각했기 때문이에요. 조선에선 시가 최고의 문학이었는데 그걸 여자가 써서 외국까지 이름을 날리니 얼마나 질투가 났겠어요? 최고의 시인이 되고 싶은 꿈을 여자에게 뺏긴 꼴이라 옹졸하게 굴었지요.

입장을 바꿔 생각해 보니

요즘 여자애들이 하도 세서 나는 조선 시대로 되돌아가고 싶을 때가 가끔 있다. 우리 교실만 해도 이건 남녀평등이 아니라 아예 여자 점령시대 같기 때문이다. 목소리도 크고 힘도 세서 우리 남자애들이 이겨 본 적이 없다. 어쩌다 힘으로 하려 들면 연약한 여자를 못살게 구는 못된 놈으로 찍혀서 왕따를 당하기 때문에 꾸욱 참아야 한다.

그런데 옛날부터 조선 시대 내내 학문이나 과거에서 왕따당했던 여성들의 이야기를 들어 보니 좀 안 됐다는 생각이 들었다. 이건 정말, 정말 생각하고 싶지 않은데 내가 조선 시대에 똑똑한 여자로 태어났다면 어땠을까? 장원 급제는 따 놓은 것인데도 한평생 실력 발휘는커녕 과거도 볼 수 없었다면 답답하고 억울했을 거다. 이렇게 입장을 바꾸어 놓고 보니 정말 여자는 과거를 볼 수 없었냐는 황당한 질문을 했던 딴지 양이 이해된다.

남녀평등을 넘어 남자 수난 시대가 된 거 같지만 그래도 남녀가 동등하게 실력을 겨루게 된 건 잘된 거다. 그래야 남자들이 부당하게 누리는 특권이니 뭐니 하는 소리도 안 듣고 떳떳해질 수 있으니까!

댓글을 입력해 주세요.　　　등록

✓ 인기순　최신순

야~ 그렇군! 너 요즘 우리 남자들이 여자애들한테 얼마나 핍박받으며 사는 줄 몰라서 그러냐? 평등은 무슨, 굴욕 시대다, 굴욕 시대!

나는 여자는 다 무서워. 우리 엄마, 우리 누나, 내 여동생, 우리 선생님, 우리 반 여자애들. 으~~.

그동안 남자들이 누린 특권에 비하면 별것도 아니잖니? 그런데 여자인 내가 봐도 여자애들이 좀 지나칠 때가 있긴 하지. 그건 억눌렸던 게 한꺼번에 폭발해서 그런 거라고 이해하고 조금만 기다려 주라~. 그럼, 진짜 남녀가 동등하게 자기 권리를 다 누리는 때가 오지 않겠니?

그래, 나도 페어플레이가 좋아! 누구나 차별받는 건 싫어하잖아? 성별, 인종, 나이 때문에 차별받는다는 건 이제 있을 수 없는 일이야.

탈놀이의 모습은 지역별로 조금씩 다르단다

탈놀이는 머리에 탈을 쓰고 춤과 몸짓 그리고 이야기와 노래로 구경꾼들의 마음을 사로잡았던 조선판 뮤지컬이야. 독특한 춤과 몸짓으로는 흥을 돋우고 이야기를 주고받았어. 못된 양반을 비웃거나 놀려대면서 고달픈 삶을 풀어내어 백성을 위로했지.

탈놀이는 북부 지역에선 탈춤으로 중부 지역에선 산대놀이로 불렀어. 남부 지역은 들놀음이나 오광대놀이라고도 했지. 지역마다 다른 이름만큼이나 탈놀이의 모습도 조금씩 달랐는데 대표적인 탈놀이를 소개해 볼게.

양주별산대놀이

양주별산대놀이는 경기 지방의 탈놀이야. 넓은 마당에 갖가지 춤을 추는 여러 인물들이 나와서 현실을 풍자하는 말을 주고받아. 그 말이 어찌나 재미있는지 사람들은 배꼽 빠지게 웃는단다. 그리고 인물마다 어울리는 춤사위는 또 어찌나 기가 막힌지 구경꾼들의 넋을 아주 쏙 빼놓았지.

봉산탈춤

봉산탈춤은 중국 사신을 대접하거나 관리의 부임을 축하할 때 공연되었고 백성들도 즐기는 놀이였어. 특히 잘못을 저지른 사람들을 혼내주러 온 사자가 허연 갈기를 휘날리며 추는 춤은 힘이 넘치고 멋져서 사람들의 마음을 사로잡았지.

하회별신굿탈놀이

안동에서 열리는 탈놀이로 신을 맞이하며 시작해서 신을 보내는 것으로 끝을 맺는단다. 역할에 따른 '사뿐사뿐 각시걸음', '능청맞은 중의 걸음', '황새걸음 양반걸음', '방정맞은 초랭이걸음'은 볼 때마다 웃음을 자아내지. 인물의 성격을 잘 드러낸 하회탈은 가장 오래 보존된 탈놀이 가면으로 국보가 되었어.

통영오광대놀이

낙동강 지역에서 전해 오는 탈놀이를 오광대놀이라고 하는데 다섯 마당으로 꾸며졌어. 양반의 횡포에 대한 울분을 쏟아내고 문둥이가 등장해 서러운 신세를 한탄하지. 그리고 마당이 끝날 때마다 등장인물들이 모두 나와 함께 춤을 춘단다. "덩~ 더덩 덩그당 당당~ 얼쑤!" 하면서 눈물과 한숨을 다 날려 버리는 거지.

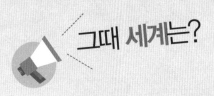

그때 세계는?

세계적인 교역과 함께 대규모 인구 이동이 일어났지

신항로가 개척되자 수많은 유럽인들은 아메리카로 건너가 농장을 만들고 광산을 운영했어. 천만이 넘는 아프리카인들은 강제로 끌려가 유럽인들을 위해 고된 노동을 해야만 했지. 그러나 세계적인 교역망이 만들어져 많은 사람들이 대륙을 넘나들게 되었고 문명의 교류도 활발해졌단다.

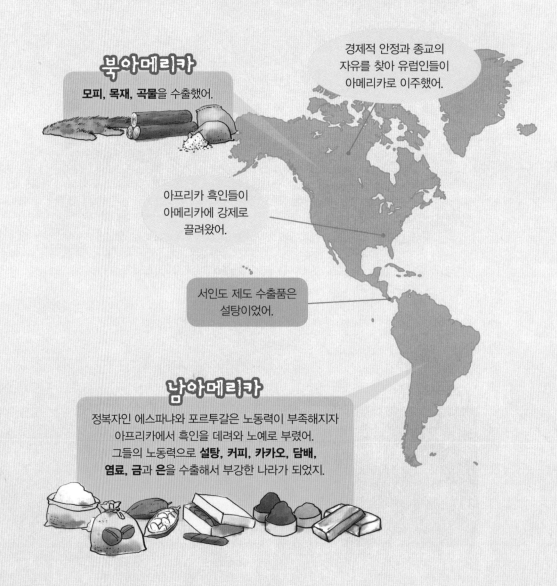

북아메리카

모피, 목재, 곡물을 수출했어.

경제적 안정과 종교의 자유를 찾아 유럽인들이 아메리카로 이주했어.

아프리카 흑인들이 아메리카에 강제로 끌려왔어.

서인도 제도 수출품은 설탕이었어.

남아메리카

정복자인 에스파냐와 포르투갈은 노동력이 부족해지자 아프리카에서 흑인을 데려와 노예로 부렸어. 그들의 노동력으로 **설탕, 커피, 카카오, 담배, 염료, 금과 은**을 수출해서 부강한 나라가 되었지.

유럽

이때의 유럽은 다른 대륙으로 수출할 품목이 많지 않아서 무기와 공산품을 수출했지. 주로 아메리카에서 약탈한 **금과 은**으로 **도자기**나 **향신료**를 사들였어.

중국

중국의 **차, 비단, 도자기**는 동서 무역에서 가장 인기 있는 상품이었지. 유럽은 이 물건들을 사느라 막대한 은을 지불했단다.

일본

조선 도공의 도움으로 만든 **도자기**와 **은**을 수출했어.

인도

면직물, 향신료, 후추를 수출했어. 17세기 인도 면직물은 세계에서 가장 우수했어. 향신료와 후추는 유럽인들이 열광하는 인기품목이었지.

아프리카

금, 상아, 노예를 수출했단다.

일 잘하고 건장한 천만이 넘는 사람들이 노예로 끌려가자 아프리카에는 노인이나 체력이 약한 사람들만 남아 경제발전이 더뎌졌단다.

1811년
홍경래 난

1860년
최제우 동학 창시

1866년
병인양요

1871년
신미양요

1876년
강화도 불평등 조약

1882년
임오군란

1884년
갑신정변

1894년
동학농민운동
갑오개혁
청일 전쟁

1895년
을미사변
단발령

1896년
독립협회 설립
아관파천

1897년
대한제국

4장

조선이 뿌리째 흔들리고 있었지

나는 녹두 장군, 전봉준이란다.
사람답게 살고 싶어서 봉기를 일으켰으니
장군이라는 이름은 백성들이 지어 준 것이지.
내가 들려줄 이야기는 19세기 조선의 모습이란다.
19세기에는 하도 많은 일이 있어서 어린 너희들이 잘 따라오려는지
걱정이 앞선다만 좀 더 힘을 내 보아라!
그런데 이야기가 끝나갈 즈음엔 이야기꾼이 바뀐단다.
그 까닭은 이야기를 들어보면 알게 될 거다…….

전봉준이 들려주는 19세기 이야기

『호락호락 한국사』를 읽는 친구들, 나는 녹두 장군, 전봉준이란다. 1894년 그러니까 19세기가 저물어 가던 때 참고 또 참았던 백성들의 불만이 터져 나와 갑오농민혁명이 일어났지. 나는 그 혁명을 이끌던 사람이라 조정에선 도둑의 우두머리로 불렸지만 백성들에게만은 녹두 장군으로 불리며 아낌을 받았어.

내가 이야기하려는 19세기는 거대한 파도가 쉴 새 없이 밀려오는 것처럼 아주 어려운 시기였단다. 가장 큰 파도는 생김새도, 말도 다른 서양의 여러 나라들이 앞다퉈 장사를 하자며 덤벼든 일이었어.

서양인들은 아주 거칠게 나라의 문을 열라고 요구했는데 그들과 먼저 교류했다는 일본은 위기를 느낄 만큼 더 위협적이었지.

하지만 조선은 변화한 세상에 맞춰 갈 능력도, 침략을 물리칠 힘도 없었단다. 낡은 사상과 제도에 갇혀 변화를 바라는 백성의 요구를 질끈 꺾어 버리더니 기어코 외세에 휘둘리며 무너졌지…….

즐거운 이야기가 아니라 왠지 미안하다만 어디에서 잘못됐기에 조선은 망할 수밖에 없었는지 알아보는 것도 큰 의미가 있는 일 아니겠냐? 자, 이야기를 시작하련다.

세도 정치

19세기는 한마디로 제국주의 시대였어. 제국주의 시대란 근대화에 성공한 유럽의 여러 나라들이 자신들이 만든 물건은 비싸게 팔고 원료는 싸게 구입할 나라를 찾아 나선 때를 말하는 거란다. 유럽은 모든 사람이 평등해지고 농업 사회가 산업 사회로 바뀌는 근대화를 이뤘다고 하더구나. 땅을 일구어 먹거리를 생산하는 것이 아니라 공장에서 기계가 물건을 만들어내면 그것을 팔아 먹거리를 마련하는 새로운 문명이었지. 그래서인지 눈에 불을 켜고 막무가내로 통상에 덤벼들었어. 처음부터 대포를 장착한 배를 타고 와 대포를 뻥뻥 쏘아 대면서 통상을 요구했으니까. 장사를 하자면서 예의를 갖추기는 커녕 폭력을 휘두르며 남의 나라에 들어오다니…… 참으로 어이없는 시대가 되었단다.

이런 위험이 다가오던 때에 정조 임금이 돌아가시고 그분의 어린 아드님인 순조 임금이 즉위하자 안동 김 씨 세력과 몇몇 가문이 권력을 쥐고 나라를 뒤흔들었어. 이것을 세도 정치라 하지. 이들은 나라의 벼슬을 팔아 부귀영화를 누리고, 벼슬을 산 자들은 **탐관오리**가 되어 백성을 괴롭혀서 재산을 긁어모았어. 능력 없는 자들이 관리가 되

> **탐관오리**
> 백성들의 재물을 강제로 빼앗는 탐욕스럽고 부패한 벼슬아치야.

아전
관청 일을 돕던 사람들인데 보수를 받지 못해 부정을 많이 저질렀지.

자 나라에서 정한 세금 외에도 저희 마음대로 세금을 만들어 힘으로 걷어가더구나. 멀쩡한 양반의 땅은 척박한 땅으로 둔갑시켜 세금을 줄여 주고 농사도 짓지 못할 백성의 땅에서는 세금을 걷어 갔지. 관리와 아전이 서로 짜고서 백성의 등을 쳤던 거야. 그렇게 걷은 세금으로 제 곳간을 채우고 뇌물을 바쳐 잘못을 해도 더 높은 벼슬을 받았어. 이러니 어디 하소연할 데도 없는 백성만 속이 바짝바짝 타들어 갔단다.

군대 안 가는 대신 내는 군포를 가지고도 횡포를 부렸는데, 이거야말로 정말 기가 막혔지. 이제 막 태어나 이도 나지 않은 어린애에게도, 이미 죽어 백골이 된 사람에게도 군포를 매겨 거둬 갔거든. 그렇

게 거둬 간 군포는 탐관오리들의 주머니를 불려 주었지.

그리고 나라에서 가난한 백성에게 꾸어 주던 곡식인 환곡도 어처구니없기는 마찬가지였어. 억지로 환곡을 빌리게 해서는 왕겨를 섞은 형편없는 쌀을 내주더니 가을에 이자를 잔뜩 얹어 알곡으로 갚게 했으니까. 환곡을 떠안겨 백성의 재산을 강제로 빼앗는 도둑이나 다름없었지. 관리들의 부정부패로 나라의 곳간마저 비어 가는데도 나라에서는 잘못된 제도를 어쩌질 못하더구나. 몇몇 가문이 마음대로 권력을 휘두르는 세도 정치의 해로움이 이토록 클 줄이야! 그저 억울하고 답답한 건 백성들뿐이었어…….

홍경래의 난

양반들은 성리학을 공부하여 과거에 급제하고 벼슬을 하면서 자신의 뜻을 펼치는 것이 평생 꿈이었다는 건 너희들도 알거다. 그런데 양반의 수는 점점 많아지고 벼슬자리는 일정하니 몰락하는 양반도 생겨났지.

오래도록 벼슬을 하지 못하면 양반 체면에 농사를 지을 수도, 장사를 할 수도 없어서 몰락 양반들은 먹고살기가 아주 힘들었단다. 환곡을 꾸어 먹다 빚을 못 갚아 양반의 지위를 파는 일도 많았지. 오죽하면 이런 이야기가 『양반전』이라는 소설로 나왔겠냐?

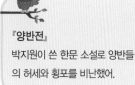

『양반전』
박지원이 쓴 한문 소설로 양반들의 허세와 횡포를 비난했어.

게다가 과거 제도도 부정이 심해 있으나 마나 한 제도가 된 지 이미 오~래 되었지. 한양에서 한다 하는 집안에 연줄만 되면 벼슬과 권세가 생기는데 과거 제도가 다 무슨 소용이겠어? 과거 제도도 흔들, 신분 제도도 흔들, 조선은 흔들리지 않는 곳이 없었지.

그래도 과거에 매달렸던 평안도 지방의 몰락 양반인 홍경래는 여러 번 낙방을 겪고서야 과거 제도가 얼마나 부패했는지, 지역 차별은 또 얼마나 심한지를 깨닫게 되었어. 조정에서는 오래전부터 평안도와 함경도 사람에게는 높은 벼슬을 내리지도 않았고 이 지역 사람들과는 혼인은커녕 사귀지도 않았단다. 한양 양반들만 권세를 독차지하며 차별이 심해지자 다른 지역 사람들은 불만이 아주 커졌지.

홍경래는 평안도의 여러 사람들을 끌어들여 10년 동안이나 봉기를 준비했어. 양반, 상인, 농사꾼, 머슴까지 정말 다양한 사람들이 모

평양 감사 뱃놀이(국립중앙박물관)

여들었지. 드디어 1811년 홍경래는 눈 깜짝할 새에 8개의 읍을 점령하며 그 기세를 자랑했어. 하지만 한 달 만에 힘을 잃고는 정주성에서 4개월을 맞서다 수많은 사람들이 반란군으로 처형되며 봉기는 실패로 끝이 나고 말았지. 이들의 목적은 북쪽 지방의 차별을 바꿔 보자는 것이었기 때문에 다른 지역의 지지를 받지 못해 세력을 불릴 수가 없었단다. 농민 모두가 고통에서 벗어날 개혁안을 내놓았더라면, 어쩌면⋯⋯이라는 아쉬움이 크게 남는구나.

하지만 홍경래는 어딘가에 살아 있다는 이야기가 끊임없이 떠돌며 백성들의 마음을 뒤흔들었어. 다들 낡은 제도가 고쳐지지 않는 한 백성의 고통은 끝나지 않을 거라고 생각했으니까!

진주 민란

1862년 진주에서도 농민들이 들고 일어났어. 백낙신이라는 탐관오리가 백성들에게 강제로 쌀을 꾸어 먹게 하고는 두 배로 물게 하면서 일은 크게 벌어졌단다. 부패한 세금 제도와 학정에 지칠 대로 지친 백성들은 이래 죽으나 저래 죽으나 마찬가지란 절박한 상황으로 내몰렸거든.

경상도, 전라도, 충청도 삼남 지방에서만 70군데가 넘게 민란이 일어나더니 전국으로 퍼져 나갔어. 50여 년 전 홍경래의 불만과 꿈이 사라지지 않고 백성들 가슴에 불씨가 되었다가 다시 타오른 거지.

삼정이정청(三政釐正廳)
백성을 괴롭히는 토지세, 군포, 환곡 이 세 가지 세금 제도를 고치고 바로잡겠다고 세운 관청이야.

당황한 조정은 박지원의 손자, 박규수를 파견하여 백성들의 요구를 들어주고 삼정이정청을 만들어 세금 제도를 고쳐 보려 했어. 하지만 이 일을 맡은 관리들이 부패한 인물이라 일이 제대로 해결되지 않았지. 그저 나라 전체가 어수선한 채 아까운 시간만 흘러가고 있었단다.

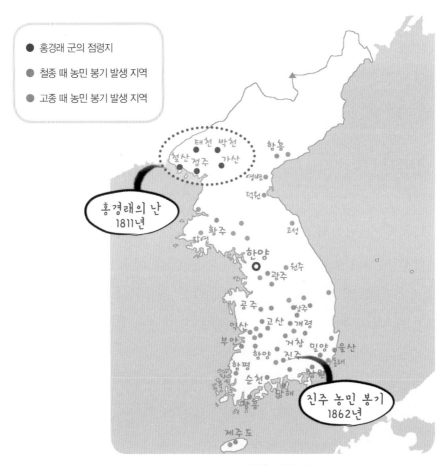

전국 농민 봉기

서학과 동학사상

18세기 말부터 조선에 천주교가 들어오기 시작했어. 서양의 종교인 천주교를 학자들은 서양의 학문이라는 뜻에서 '서학'이라고 불렀지. 그런데 학문으로 받아들여 연구하다가 신자가 되는 사람들도 생겨났어. 정약용 어른의 집안도 그렇게 천주교를 받아들였다가 형제들이 죽거나 귀양을 가기도 했지.

정약용의 누이와 혼인했던 이승훈은 조선 최초로 영세를 받은 천주교 신자였는데 천주교를 탄압하는 **신유사옥** 때 처형당했단다. 조정에서 천주교를 탄압했던 건 모든 사람이 평등하며 하느님 외에 다른 신을 섬기지 말라는 천주교의 교리가 왕조 국가인 조선에서는 받아들이기 힘든 사상이었기 때문이지.

신유사옥
1801년 신유년에 일어난 천주교인 박해 사건이야. 신유박해로 우리나라 최초의 크리스천인 이승훈이 처형되고 정약전과 정약용 등은 유배를 가야 했어.

어떤 양반은 제사를 거부하며 조상의 이름을 모신 신주를 태웠고, 천주교 신자를 박해하는 조정을 막기 위해 병력을 보내 달라는 양반까지 나왔어.

종교 때문에 외국의 군대를 보내 달라는 것은 나라를 팔아먹는 거나 마찬가지로 여겨져 박해는 더 심해졌지. 하지만 차별을 받던 사람들에게 천주교는 새로운 세상을 열 희망으로 다가왔고 신자는 점점 늘어만 갔어. 특히 남자만 귀하게 여겨 차별을 받았던 여자들이 많이 믿게 됐단다.

이렇게 혼란하던 때에 조선 백성들의 마음을 어루만지는 '동학'이 생겨났지. 최제우 어른은 오래도록 사람들이 의지했던 불교, 도교, 유교에다 천주교까지 받아들여 동학을 완성했어. 모든 사람이 하늘이라는 인내천(人乃天) 사상을 펼치자 백성들은 천지가 다시 열리는 듯한 충격을 받았어. 왜냐하면 계급 사회로 들어서던 청동기 시대부터 사람 사이는 평등한 적이 없었거든. 그런데 모든 사람은 평등할 뿐만 아니라 하늘처럼 귀한 존재라고 했으니 얼마나 놀랐겠냐? 이 나라의 주인인 임금부터 양반 어른의 요강이나 들고 다니는 개똥이까지 다 존귀하다니, 하늘과 땅이 흔들릴 만큼 놀랄 일이었지.

이 사상은 마른 풀에 불이 번지듯이 빠르게 백성들 마음에 파고들었어. 두려움을 느낀 조정과 양반은 동학을 믿는 사람들을 박해했고 교주 최제우 어른은 처형당하고 말았지. 양반들은

"임금과 개똥이가 어찌 다 똑같단 말이냐, 이놈들~."

이런 생각들을 했을 게다.

『동경대전』

『용담유사』

동학의 사상을 풀어놓은 책과 동학을 믿는 사람들이 부르던 노래를 엮은 책이야.

하지만 동학이 퍼져 나가는 것을 결코 막을 수는 없었어. 모든 사람이 하늘처럼 존귀하다는 사상은 사람들의 마음을 크게 움직였으니까! 이 믿음을 받아들인 사람들이 어떤 일을 했는지는 이야기 끝자락에서 다시 하련다…….

대원군이 펼친 정책

백성들이 기뻐한 개혁

마침내 60여 년의 세도 정치를 끝장낸 사람이 등장했는데, 역사적으로 유~명한 흥선 대원군이란다. 대원군은 임금의 아버지란 뜻인데 12살 어린 나이에 즉위한 고종을 대신해서 나라를 다스렸지. 대원군이 권력을 마음껏 휘두르던 안동 김 씨 세력을 쫓아내자 백성들은 속이 후련~했어. 그리고 여러 가지 개

대원군

왕위를 이을 왕자가 없어 왕족 가운데 한 명이 왕위를 물려받았을 때 왕의 살아 있는 아버지에게 내리는 직위야. 조선 시대에 대원군은 모두 4명이었는데 흥선 대원군은 유일하게 권력을 휘둘렀지.

혁을 힘 있게 밀고 나가 대원군의 인기는 하늘을 찌를 정도였단다.
어떤 개혁이었기에 그랬을까, 궁금할 테지?

오랫동안 지역을 차별하여 불만이 크다는 것을 알았던 대원군은
고루 인재를 등용했어. 특히 홍경래의 난이 일어났던 평안도 지역
사람들에게도 관직을 주어 차별을 없애겠다는 의지를 보여 주었지.

조선이라는 나라가 세워지고 처음으로 높은 관직을 받은 평안도
와 함경도 사람들은 이제야 사람 대접을 받게 됐
다며 좋아했어.

양반도
세금을 낸다네,
끄응~.

그리고 우리 백성들이 깜짝 놀랄 만한 일을
했는데 그건 바로 호포제를 실시한 거란다. 이
제껏 군포는 백성들에게만 걷었는데 양반들에
게도 군포를 내게 하더구나. 이런 일은 조선이 생기
고 나서 처음 있는 일이었어. 양반은 그동안 누렸던 특
혜를 내려놔야 했으니 얼마나 억울했을까만은 우리 백
성들은 춤을 출 일이었지.

탐관오리들의 배나 불리
던 환곡 제도도 사창 제도
로 바꾸고 관리들이 강

백성을 괴롭히던
환곡이 없어졌대.

제로 떠넘긴 환곡은 갚지 않아도
되었어. 마을마다 쌀 창고를 지어
그 마을 사람들이 관리하면서 어
려운 문제를 스스로 해결하게 했지.

빌릴 때   갚을 때

환곡제

이러니 더 이상 관리들이 환곡으로 백성을 괴롭힐 수 없게 됐단다.

또한 토지의 많고 적음에 따라 세금을 달리 내도록 했기 때문에 양반 지주들도 꼼수를 부리지 못하고 별 수 없이 세금을 내야 했어. 그동안 멀쩡한 땅을 황무지로 속여 세금을 줄였던 양반 지주들은 배가 아팠겠지만 우리 백성이야, 짝짝짝! 박수를 치고 또 쳤지. 그런데 한 가지 더! 십 년 묵은 체증이 쑥 내려가는 일이 생겼단다.

1000개가 넘는 서원을 47군데만 남기고 모조리 없앴거든. 벼슬에서 물러나 고향으로 내려온 사림들이 서원을 세울 때는 학문을 배우는 바람직한 곳이었지. 하지만 나라에서 땅과 노비를 내리고 세금과 군역까지 면제해 주자 서원이 여기저기 생겨나며 횡포를 부리는 곳이 되고 말았어.

서원의 유생들은 공부한답시고 놀고먹으며 이런저런 이유로 백성

유생들의 횡포를
더는 안 봐도
된다는구먼!

들을 괴롭혀 재물을 바치게 했지. 오죽했으면 서원을 지나는 지름길 대신 멀리 빙~ 돌아서 다녔을까? 괜히 눈에라도 띄어 억울한 일이 생길까 봐 그랬단다. 아무리 뜻이 좋아도 지나친 특혜는 독이 되고 만다는 걸 서원이 보여 준 셈이지.

그런데 백성의 원망을 사던 서원을 줄이려 하자 유생들 수천 명이 궁궐 앞에서 도끼를 옆에 놓고 시위를 벌였어. 서원을 없애라는 명령을 거두지 않으려면 차라리 목을 치라는 뜻이었지. 그러나 대원군은 유생들의 거센 반발에도 끄떡하지 않고 뜻을 이뤄 백성들의 환호를 받았단다. 여기까지는 참 좋았어, 정말 좋았어! 그런데, 그런데 말이야…….

시대를 거스른 왕권 강화

대원군이 강하게 밀어붙인 개혁 정책은 백성들의 열렬한 환영을 받았어. 이제껏 그 누구도 못했던 개혁들이었거든. 하지만 대원군은 경복궁을 다시 지으면서 인기가 뚝 떨어지기 시작했지. 왜냐하면 궁궐을 다시 짓는 일은 돈과 인력이 많이 드는 몹시 힘든 일이라 백성들의 고통이 커질 게 뻔했으니까. 아마 대원군은 임진왜란 때 타 버린 경복궁 터에 잡풀만 우거진 모습이 기울 대로 기운 왕권의 모습과 겹쳤던가 봐. 먼저 해결해야 할 문제들을 남겨둔 채 왕권부터 세우려고 경복궁을 짓기 시작했어. 하긴 한 나라의 정궁이 300년 동안이나 폐허로 있었다는 건 좀 민망한 일이긴 했지…….

하지만 궁궐을 지을 돈이 모자라자 대원군은 양반들에게는 스스

♪ 에헤~ 남문을 열고
파루를 치니~ ♬

로 원해서 낸다는 뜻의 원납전을 거두고 백성들에겐 온갖 잡세를 거뒤들였어. 보도 듣도 못한 세금을 걸었는데 4대문으로 들어오는 통행세(문세)까지 받아서 양반이나 백성들 모두 해도, 해도 너무한다는 원망을 했지.

그래도 돈이 모자라자 이번엔 당백전이라는 상평통보의 100배의 가치를 지닌 동전을 마구 찍어 냈어. 갑자기 많은 돈을 찍어내자 물가가 하루가 다르게 올라갔고 살기는 더 어려워져 원성은 높아지기만 했지.

그런데다 느닷없이 불려온 수많은 백성들은 밤잠을 설쳐 가며 공사에 매달려야 했기 때문에 대원군을 비난하는 소리가 더 커졌어. 800만 냥(250만 석)이라는 거금을 들여 보란 듯이 날마다 풍악을 울리며 공사를 했지만 새 대궐을 짓는 건 헛방아 찧는 거

250만 석
조선 시대 한 석은 144킬로그램으로 현재 가치로 환산하면 20만 원이 넘으니까 250만석은~ 헉, 5000억이 넘는 어머어마한 액수네?

라며 비웃기도 했지. 새로운 세상이 열리기를 기대했던 백성은 온갖 잡세에 시달리며 사는 게 더 힘들어지자 대원군의 정치에 크게 실망했단다.

이양선 출몰

서양의 배인 이양선이 출몰하기 시작했는데 우리 배와는 생긴 모습이 많이 달랐어. 거대한 크기에 여러 개의 돛을 달고 대포로 무장해서 아주 위협적이었지. 그들은 물건을 사고팔자면서도 평화적인 방법보다는 침략이라는 폭력적인 방법을 택하더구나. 아마 자신들이 더 힘이 세다는 것을 보여 주면서 통상을 유리하게 이끌려고 했던 거겠지.

제너럴셔먼호 사건

1866년 무장한 상선인 제너럴셔먼호가 통상을 요구해 왔어. 홍수 때문에 대동강까지 밀려 들어온 제너럴셔먼호 사람들에게 평양 백성들은 식량과 땔감을 주면서 조용히 물러가기를 바랐지. 그런데 통상을 거절했다고 사람을 납치하고 총을 쏘아 대서 백성이 일곱 명이나 죽었단다. 화가 난 백성들은 나무를 가득 실은 배에 불을 붙여 제너럴셔먼호 쪽으로 흘려보냈는데 불이 옮겨 붙어 그만 침몰하고 말았지. 나중에 이 일을 트집 잡아 한참 뒤 미군이 강화도로 쳐들어왔

이양선

는데 이 이야기는 조금 있다 자세히 해 주마. 그런데 왜 미군이 쳐들어왔느냐고? 제너럴셔먼호는 미국 배였으니까.

병인양요

서양 세력과 처음으로 부딪쳤던 전투는 프랑스하고 벌인 병인양요였어. 1866년인 병인년에 서양인들이 소동을 벌였다는 뜻이지. 프랑스는 천주교 박해 사건 때 프랑스 신부들을 죽였기 때문에 공격했다더구나. 그러나 호시탐탐 조선 침략을 노리다 이 사건을 빌미로 삼았던 거란다. 함포를 장착한 7척의 배에 2500명을 태우고 나타나 강화도를 점령하고 불평등한 조약을 맺으라고 강요했거든.

프랑스군은 30일이나 강화도에서 재물을 빼앗고 그곳에 있던 규장각 도서를 훔치는 만행을 저질렀어. 문명국이라고 으스댔지만 하는 짓은 영락없는 도둑질이었지. 조정은 관군을 보내 강화도 백성과 함께 싸워 프랑스군에게 큰 타격을 입히고 한양으로 들어오는 것을 막아냈단다. 강화도의 수많은 백성과 관군을 잘 이끈 지휘관, 양헌수 덕택에 위기는 넘겼지만 조선이 강해서 이긴 건 결코 아니었어.

그런데 이때 빼앗아 간 규장각 도서들을 프랑스가 다 돌려주지 않고 있다고 들었다. 왕실의 행사를 글과 그림으로 그린 의궤 몇 점이 프랑스가 빌려주는 방식으로 되돌아왔다던데 도대체 이게 무슨 소린지 나는 이해할 수가 없구나. 우리가 주인인데 훔쳐간 저들이 우리 의궤의 주인처럼 빌려준다니, 이거야 원······.

이양선은 계속해서 우리에게 시비를 걸며 침략해 왔는데 이번엔 독일 상인 오페르트가 대원군 아버지의 무덤을 파헤치는 사건이 벌어졌어. 우리 조선 사람들이 조상의 혼백을 모신 무덤을 얼마나 소중히 여기는지 너희들도 알고 있을 거다. 그런데 보통 사람도 아닌 임금의 할아버지 무덤을 파헤치

양헌수

정족산성 전투(강화역사박물관)

려 들었으니 어찌 됐겠냐? 마을 사람들이 들고 일어나 덤벼들자 이 불한당들은 도망가 버렸지만 이 사건은 대원군을 크게 화나게 했지. 서양의 짐승 같은 놈들하고는 절대 통상하지 않겠다는 생각을 굳히게 했으니까.

신미양요

조선 침략이 계속 어그러지자 1871년인 신미년에 미국은 5척의 군함과 1200명이 넘는 군대를 강화도로 보냈어. 5년 전 제너럴셔먼호 사건을 빌미 삼아 신미양요가 벌어졌지.

그런데 왜 자꾸 강화도로 쳐들어오느냐고? 강화도는 한양으로 들어오는 길목이라 이곳을 점령하면 한양으로 진격할 수 있어서 다들 강화도를 노린 거란다. 고려 시대부터 강화도는 중요한 싸움터 아니더냐?

아무튼 미군은 강력한 무기를 앞세워 크게 이겼어. 우리는 300명

미국 군인에게 조선 깃발을 빼앗긴 사진이래.

이 넘는 관군과 지휘관인 어재연이 전사하고 20여 명이 포로로 잡혀 갔지. 하지만 미국과는 견주기도 창피한 무기를 가지고 죽을 때까지 싸웠어. 포탄이 떨어지면 칼과 창으로, 그마저 없으면 몸으로 막으며 싸우는 모습에 놀란 미군은 그냥 후퇴하고 말았지. 조선 백성들이 그토록 격렬하게 맞설 줄은 생각도 못했기 때문이지 전투에서 밀린 게 아니란다.

서양 세력을 막아내긴 했지만 그건 우리 조선의 무기와 전투 능력이 뛰어나서가 아니라 백성들이 희생했기 때문이지. 그런데도 대원군은 전국에 척화비를 세우며 자신감을 드러냈어. 아시아의 호랑이였던 중국도 서양 세력에 굴복하고 일본은 미국의 통상 요구를 받아들여 근대화를 위해 개혁을 서두르고 있었는데…… 조선은 세상의 변화를 제대로 보지 못해 자꾸 위험해지고 있었지.

"서양과 친한 것은 나라를 파는 것과 같다."

척화비

강화도 불평등 조약

대원군이 조선의 임금 노릇을 하는 동안 고종은 어엿한 20대의 임금이 되었어. 언제까지 아버지의 그늘에 가려진 임금으로 있을 수는 없었지. 그래서 고종과 왕비는 대원군을 내몰고 나라를 다스리기 시작했는데 때마침 일본이 조선을 공격했지 뭐냐? 경험도 많지 않은 젊은 임금에게 너무나 버거운 일이 벌어진 거지.

1875년 일본의 함포를 장착한 운요호가 **영종도**로 들어와 10여 일 동안 관가와 민가에 불을 질러 잿더미를 만들었어. 조선이 가진 대포로는 막무가내로 쳐들어오는 일본의 배를 막을 수가 없었지. 서유럽과 통상을 먼저 시작한 일본이 가지고 온 영국제 대포는 조선의 대포보다 성능이 열 배쯤 뛰어났거든. 안타깝게도 조선군은 무기를 버리고 도망치기에 바빴단다. 임진왜란에서 조선을 구했던 함포와 판옥선은 300여 년이 지나는 동안 성능이 떨어져도 한참 떨어지게 된 거지.

이 처참한 사건이 운요호 사건인데 사람들은 이 배가 아주 커다란 함선인 줄 알더구나. 사실은 80여 명쯤 탈 수 있는 크지도 않은 나무 배였는데 그렇게 크게 지다니, 믿을 수가 없었다. 도대체 우리는 그동안 무엇을 하고 있었단 말이냐…….

영종도
서해안에 있는 작은 섬으로 지금은 인천 국제공항이 들어서 있어.

운요호 사건

1876년 일본은 7척의 중무장 함대를 이끌고 또다시 나타나 조선에게 통상을 요구했어. 일본의 무력을 경험한 조정은 너무나 많은 것을 내주며 강화도에서 불평등한 조약을 맺었지. 일본과 마주한 조선의 관리들은 세계의 질서가 서양 중심으로 바뀌고 힘 있는 나라가 힘 없는 나라를 식민지로 만드는 제국주의 시대를 제대로 이해하지 못하고 있었어. 그래서 최초의 근대적 조약 내용을 제대로 파악하지도 못했고 문제점을 해결할 능력도 없었지. 이렇게 세상의 흐름을 읽지 못했던 대가는 나중에 꼬리에 꼬리를 물면서 백성을 힘들게 했단다.

　　자, 이 조약의 어느 부분이 얼마나 불공평했기에 강화도 조약 = 불평등 조약이라 하는지 알아봐야겠지? 몇 가지만 짚어 봐도 일본이 얼마나 우리를 얕잡아 봤는지가 드러난단다. 아마 화가 나서 책을 확 덮어 버리고 싶을지도 모르지만 꾹 참고 살펴보렴. 그래야 똑같은 일을 당하지 않을 거 아니냐?

　　일본은 조약의 맨 첫머리에서 조선은 자주국이라는 말을 했는데 이건 어찌 보면 우리를 대우해 준 거 같지만 사실은 다른 속셈이 있었어. 조선을 침략하는 데 청나라의 간섭을 받지 않으려는 속셈이었지. 그리고 일본의 배가 자유롭게 드나들 수 있도록 부산, 인천, 원산을 열어 달라고 했어. 결국 이 지역은 나중에 일본의 침략로가 되었고 우리의 자원을 빼앗아 가는 길이 되었어. 조선 해안은 암초가 많아 뱃길이 위험하다면서 우리의 해안을 마음껏 측량하기도 했단다.

　　이 모든 건 조선을 침략하는 길을 열기 위한 작전이었어. 아, 이순신 장군이 그토록 굳게 지켰던 바다가 이때 아무런 대책도 없이 열린 거란다. 게다가 일본인이 조선에서 죄를 지어도 우리가 처벌할 수 없는 **치외법권**까지 인정해 주었지.

일본과 맺은 조약 중에서 가장 심각했던 건 일본의 상품에 관세를 붙이지 않은 거였어. 관세란 나라와 나라 사이에 사고파는 물건에 붙이는 세금을 말하지. 조선과 일본이 무역을 하면서 서로의 상품에 관세를 붙이지 않기로 한 건 언뜻 보면 별 문제가 없어 보일지도 몰라. 하지만 이것 때문에 조선 백성들은 커다란 고통을 당해야만 했단다. 생각해 보렴, 일본 상품은 공장에서 얼마든지 찍어낼 수 있는 물건이지만 조선이야 농업국이니 농산물이 대부분이잖니? 농민이 한 해를 몸이 부서져라 일을 해야만 얻을 수 있는 농산물은 얼마든지 만들어낼 수 있는 공장의 물건과는 달라도 한참 다르지. 생산량이 이미 정해져 있으니까.

강화도 조약을 시작으로 일본과 맺은 조약들 때문에 백성이 먹을 식량도 부족하게 되고 물가는 뛰어서 살기가 더 어려워졌어. 백성들은 일본의 간교함을 가장 먼저 알게 된 희생자들이라 그들을 미워하게 되었지. 일본이 조선에 파는 상품들은 대부분 서유럽에서 값싸게 들여온 물건들이었어. 그런데도 우리에게는 비싸게 팔며 이윤을 남기고 우리의 귀한 농산물은 헐값에 원하는 대로 가져갔으니까.

일본이 영국에서 싸게 들여와 우리에게 비싸게 판 옥양목은 아낙네들이 길쌈으로 만든 무명천의 가격을 떨어뜨렸어. 옥양목은 서양의 무명으로 옥처럼 반질거려 붙은 이름이지. 품질은 조선 무명보다 훨씬 떨어졌지만 색깔이 곱고 촉감이 좋아 대인기였단다. 장에 내다

치외법권
외국인이 머무는 나라의 법을 따르지 않아도 된다는 권리란다.

팔아 살림에 보탬이 되었던 무명천마저 옥양목에 밀리며 형편이 더 안 좋아지자 백성들은 일본이라면 머리를 흔들었지.

하지만 강화도 조약을 맺자마자 조정은 일본에 '수신사'를 파견하며 그들의 발전한 문물에 큰 관심을 보였어. 일본에 갔던 김기수라는 양반은 기차를 보고 왔다는데 우레와 번개처럼 달리고 바람과 비같이 날뛴다면서 불을 내뿜는 수레(화륜거)라 했지. 아마 일본의 발전에 몹시 놀란 듯하더구나. 이들의 보고를 받은 임금과 왕비는 대원군과는 달리 개화가 나라를 부강하게 해 줄 거라 판단했어. 그래서 새로운 문물을 받아들이기로 했지. 하지만 서양은 오랑캐이며 그들의 문물은 사악한 것이라 배척해야 한다는 위정척사파들의 반대도 만만치 않았어. 새로운 것을 받아들이느냐, 오래된 것을 지키느냐 하는 갈등은 쉽게 풀리지 않을 거 같았지.

임오군란

1882년에는 군인들이 봉기하는 큰일이 벌어졌어. 임오년에 일어난 군인들의 반란이라 임오군란이라고 하지. 군인들이 일어날 수밖에 없었던 건 받아야 할 식량이 일곱 달이나 밀려 있었는데 그중 한 달 치를 주면서 겨나 모래가 섞인 못 먹을 쌀을 주었기 때문이었어.

이런 문제가 불거진 것은 탐관오리들의 부정과 가뭄 때문이기도 했지만 곡물이 일본으로 팔려 나가는 바람에 군인들에게 지급할 식

량이 모자라서였단다. 화가 난 군
인들은 군사에 관한 일을 보며 부
정을 저지른 사람들을 습격하고
일본 영사관으로도 쳐들어갔어.
그 이유는 일본의 영향으로 신식
군대인 별기군을 만들었는데 그

별기군

들에게만 특별대우를 해 줬기 때문이지. 형편없는 대우를 받은 구식
군대의 서러움이 폭발한 거란다.

　이 사건으로 정치에서 물러나 있던 대원군은 다시 권력을 잡고 왕
비는 궁에서 도망쳤어. 왕비의 친척들이 권력을 휘두르며 심한 부정
부패를 저지르고 있었거든. 그 폐해가 안동 김 씨의 세도 정치 못지
않아 백성들이 원망하는 소리가 높았지.

　권력을 다시 잡은 대원군은 군인들에게 그동안 밀렸던 식량을 다
내주었어. 이제 다시 대원이 대감의 세상이 열리나 했는데, 웬걸 고
종 임금이 청나라에 구원을 요청했다더구나. 권력을 아버지에게 다
시 뺏기기 싫었겠지. 그렇다고 임금과 조정이 해결해야 할 문제에 남
의 나라 군대를 불러들이다니 우리 임금이 맞는가 싶더구나.

　청나라군은 일본 쪽으로 기울던 조선이 못마땅했는데 때마침 간
섭의 기회를 주니 '얼씨구나' 하면서 군대를 이끌고 조선으로 들어
왔지. 그러고는 대원군을 청나라로 끌고 가 버렸어. 왕비는 궁궐로
돌아와 임오군란을 일으켰던 군인들에게 죄를 물었고 한 달 만에 다
시 권력을 잡았지. 수많은 사람들의 희생을 뒤로 하고 세상은 예전

으로 되돌아간 거란다.

하지만 청나라는 임오군란을 해결해 준 대가로 조선의 정치에 간섭을 심하게 해 댔고 일본은 자신들이 입은 피해를 보상하라며 엄청난 피해 보상금을 요구했어. 일본과 통상 조약을 맺은 다음 밀물처럼 들어온 서양 세력들도 조선에서 차지할 이권을 두고 먹잇감을 발견한 독수리처럼 달려들었지. 아무런 준비가 되어 있지 않은 조선은 거센 폭풍우 앞에 놓인 낡은 나룻배였다고나 할까…….

갑신정변

고종 임금은 일본에만 수신사를 보낸 게 아니라 청나라에는 영선사, 미국에는 보빙사를 보내 서양의 문물과 제도를 배워 오게 했어.

일본의 발전된 모습과 청나라에 들어온 서양의 무기와 기술 그리고 미국의 제도와 시설에 놀란 조정은 서양식 문물을 들여오느라 바빴지. 그래서 나날이 발전하는 것처럼 보였지만 정작 필요한 개혁은 이루어지지 않더구나. 서양식 군대와 학교 그리고 신문사, 우체국 같은 근대적인 시설은 세워졌으나 백성을 고통스럽게 하는 제도는 그대로였지. 백성들이 진정으로 원하던 토지와 세금 제도 그리고 불평등한 신분 제도는 바뀌지 않았어. 마치 상투 틀고 양복을 입은 우스꽝스러운 모습이었다고나 할까?

임오군란 때 불러들인 청나라의 간섭에 조정이 휘둘리자 답답했던 개화파 젊은이들이 나서서 큰일을 벌이고 말았단다. 조선에 개화파가 있었느냐고? 아, 그 얘길 빠뜨릴 뻔했네. 얘들아, 청나라의 문물을 받아들여야 한다던 박지원 어른을 기억하고 있는지 모르겠구나. 배울 게 있다면 청나라의 똥덩어리에서도 배워야 한다던 어른이라고? 맞다! 바로 그 어른의 손자가 박규수 대감인데 진주 민란의 해결사로 나섰던 분이지.

박규수 대감은 일찌감치 변화하는 세상의 흐름을 읽고 조선도 나라를 개방하여 서양의 문물을 받아들여야 한다고 생각하셨어. 이런 대감의 사상은 젊은 사람들에게 이어져 개화파라 했지.

김옥균이라는 젊은 양반이 중심이 됐던 개화파는 먼저 개화한

박영효 　서광범 　서재필 　김옥균

일본을 본받아 조선도 모든 제도를 서양식으로 바꾸어야 한다고 주장했단다. 이들은 청나라에 휘둘리는 세력을 내몰고 개혁을 빨리 이루고 싶어 했어. 그래서 갑신년에 정치적으로 큰 변란을 일으켰는데 이것을 갑신정변이라 하지.

이날은 우체국 업무를 담당할 우정국이 세워진 것을 축하하는 날이라 나라의 중요한 관리들은 죄다 모였어. 개화파는 이들을 일본 군대의 힘을 빌려 몰아내고 권력을 잡으려 했지. 때마침 청나라군이 다른 나라와의 전투로 절반이나 자리를 비웠기 때문에 정변은 성공했단다.

기세등등해진 개화파는 새로운 정책을 발표했어. 그 내용은 이제껏 조선을 간섭하던 중국에게서 벗어나 독립국이 되고 대원군을 모셔 오겠다는 거였어. 그리고 신분 제도와 양반 중심의 제도를 없애 모든 사람들을 평등하게 만들고 능력에 따라 인재를 등용하겠다고 했지. 세금 제도도 고쳐 관리들의 부정부패를 막겠다고도 했는데…….

이 모든 개혁은 3일 만에 끝이 나고 말았어. 왜냐하면 정변에 놀라 달려온 청나라군이 생각보다 훨씬 많자 도와주겠다던 일본군이 꽁무니를 뺐거든. 일본의 힘을 빌려 서둘렀던 탓에 개화파는 3일 만에 무너지고 만 거지. 갑신정변을 이끌었던 사람들은 역적으로 몰려 죽거나 남의 나라로 도망쳐야 했어.

개화파를 이끌었던 김옥균은 일본으로 도망쳐 갖은 고생을 하다가 조정에서 보낸 자객에게 살해되고 말았지. 새로운 세상을 만들려던 개화파의 생각은 임금에게도, 백성에게도 환영받지 못했단다. 조정엔 개화파에게 권력을 빼앗길까 봐 전전긍긍하는 사람들이 많았고 백성들은 서양이나 일본의 침략에 화가 나 있어 일본의 힘을 빌린 개화파를 믿기 힘들었거든.

갑신정변을 막아낸 청나라는 더욱 조선의 일에 감 놔라, 대추 놔라 간섭을 해 대고 청나라에 빌붙은 탐관오리들의 부정부패는 혀를 내두를 정도였지.

갑오농민혁명

1876년 불평등한 강화도 조약에서 시작된 일본의 치밀한 경제적 침략은 백성들의 삶을 갈수록 힘들게 했어. 일본이 옥양목을 수출하는 바람에 면포를 짜서 집안 살림에 보탰던 가내 수공업은 다 망했지. 애써 농사지은 곡물도 일본으로 팔려 나가 백성은 늘 허기에 시달려 정말이지, 사는 게 말이 아니었단다.

흉작마저 들어 굶어 죽는 백성들이 생기자 함경도와 황해도 군수는 자기네 지방에서 곡물이 빠져나가지 못하게 막는 '방곡령'을 내렸어. 이것은 제 나라 백성을 구하기 위한 옳은 조치였는데도 일본은 조약 위반이라며 엄청난 배상금을 요구하더구나.

백성의 생사가 걸린 문제라 조정도 강하게 항의하며 일본과 날카롭게 대립했지. 그러나 결국 조선은 제 백성이 배를 곯아도 방곡령을 풀어야 했고 거액의 배상금까지 물어야 했어. 힘이 지배하는 제국주의 시대에 힘을 키우지 못한 조선은 맥없이 무너지고 있었던 거지. 그러나 이 일은 일본의 식민지가 되어 가는 시작이었을 뿐이란다.

이렇게 변화하는 세상에 맞설 힘도 없는 정부와 탐관오리들이 설치는 세상에서 백성들의 고통은 끝이 보이지 않았어. 많은 사람들이

"에라, 이놈의 세상, 난리나 나 버려라."

하는 심정들이었지.

이 힘든 시기에 전라도 고부 군수 조병갑의 탐학은 도를 넘었어. 그의 죄를 하나하나 따져 볼까?

죄 하나 만석보가 버젓이 있는데도 그 밑에 또 저수지를 백성들에게 강제로 만들게 하면서 물세를 안 받겠다 하더니 저수지가 만들어지기가 무섭게 물세를 거두어 700석 꿀꺽!

죄 둘 황무지 개간하면 5년간 세금을 안 받겠다더니 바로 그 가을부터 세금을 거둬 한 입에 꿀꺽!

죄 셋 재산 좀 있다 싶은 백성들에게 "네 죄를 네가 알렸다!"란 억울한 죄를 씌워 2만 냥 꿀꺽!

죄 넷 태인 현감 지낸 제 아비 공덕비 세운다는 명목으로 천 냥 꿀꺽!

죄 다섯 대동미는 좋은 쌀로 거두고 나라에 보낼 때는 나쁜 쌀로 바꿔치기하여 백성들의 피땀으로 거둔 쌀 꿀꺽!

죄 여섯 마음대로 백성들 불러다 일 시키며 임금도 안 주고 제 주머니로 꿀꺽!

꿀꺽, 꿀꺽! 이거야, 원 꿀돼지보다도 욕심 사납게 백성들의 재물을 탐하다니……. 이렇게 조병갑은 탐관오리 중의 탐관오리였는데도 나라에서는 처벌을 하지 않았지. 조정에서 뇌물을 받은 자들이 뒤를 봐주고 있었기 때문이었어. 그러니 백성들이 아무리 잘못된 일을 바로잡아달라고 사정해도 눈 하나 깜짝하지 않았지.

참다못한 농민들의 봉기

탐학을 견디다 못해 1894년 나, 전봉준은 고부 백성을 모아 관아를 습격했단다. 억울한 죄인들을 풀어 주고 조병갑이 빼앗은 양곡을 풀어 굶주린 백성에게 나눠 주었지. 그러나 벌을 주려던 조병갑은 어찌나 눈치가 빠르던지 벌써 줄행랑치고 없었어.

못된 일만 골라 하던 군수가 없어지니 고부는 온전히 백성들의 세상이 되었지. 나는 백성들과 기쁨을 같이 하며 더 많은 사람을 모으기 위해 말목장터에서 연설을 했단다.

"우리의 봉기가 옳다고 생각한다면 함께해 주십시오. 우리가 다 같이 사람답게 사는 새 세상을 만들어 나갑시다."

뜨거운 함성을 지르며 우리들의 힘은 더 커지고 단단해졌어. 그러나 이 사건으로 불이익을 당할까 봐 관리들이 쉬쉬하는 바람에 조정에서는 한 달 후에나 고부에서 벌어진 일을 알게 됐다더구나.

　봉기에 놀란 조정은 백성을 달래기 위해 조병갑을 파직시키고 체포령을 내렸어. 새 군수도 보내 잘못된 것들을 다 바로잡겠노라고 약속했지. 문제만 해결된다면 일을 더 크게 만들고 싶지 않았던 백성들은 그 약속을 믿고 순순히 제자리로 돌아갔단다.

　그런데 백성들이 흩어지자 이번 일을 조사하여 보고하는 일을 맡은 자가 만행을 저질렀지. 동학교도들을 반란의 주동자로 몰아, 닥치는 대로 잡아 가두고 집에 불을 질러 아내와 자식들까지 죽였지 뭐냐?

　약속을 믿었던 백성들은 분노했어. 조정은 약속을 지키는 척하다가 백성이 흩어져 세력이 줄었다 싶으면 반란으로 몰아 뿌리를 뽑을 생각이었겠지. 그러나 1894년의 농민 봉기는 예전의 농민 반란과는 달랐어.

여느 농민 반란과 다를 수 있었던 건 바로 동학 때문이었지. 동학은 충청도, 전라도, 경상도 삼남의 백성들에게 들불처럼 퍼져 나가 서로를 이어 주는 끈이 되었거든. 그래서 뜻을 모으기도 한결 쉬웠고 수만의 백성들이 한꺼번에 모일 수도 있었어. 백성을 억압하는 제도를 고치고 외세로부터 나라를 구하자는 의지도 넘쳤지. 그래서 죽창을 들고도 정예 부대를 이길 수 있었단다. 마을의 문제를 들고 봉기했다가 관군이 몰려가면 곧바로 허물어지던 예전의 민란하고는 전혀 달랐지.

그런데도 조정은 약속을 깨며 우리를 얕잡아 보았어. 분노한 수천의 백성들은 모든 사람을 구렁텅이에서 건져 나라를 든든한 기반 위

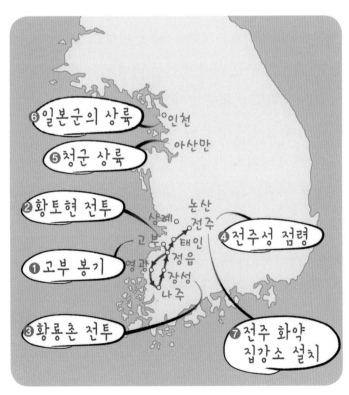

농민군 진격로

에 놓겠다는 목표를 세우고 한양으로 진격했지. 가는 곳마다 백성들의 환호가 이어지고 음식을 내오며 우리 농민군을 격려해 주었어. 힘을 얻은 우리는 전주성을 함락하는 쾌거를 이루어냈단다.

청나라군과 일본군의 어이없는 간섭

농민군이 승승장구하며 한양으로 향하자 위협을 느낀 조정은 제나라 백성과 문제를 해결하려고 하지 않고 청나라에 구원병을 요청하더구나. 왕권을 지키는 데만 바빴던 조정은 또다시 안방에 도적을 불러들이는 큰 실수를 저질렀단다.

구원 요청을 받은 청나라는 3천 명의 병력을 아산만으로 출동시켰어. 그런데 이게 웬일이람? 그다음 날 인천항으로 4300명의 일본군이 들어왔지. 그들은 수년 전에 조선의 허락도 없이 청나라가 조선에 군대를 보내면 저희도 군대를 보내기로 약속을 했다더구나.

예상 못한 외국 군대의 침략 앞에서 조정도, 농민군도 놀라고 어이가 없었지. 그래서 남의 나라 군대가 주둔하는 빌미를 없애기로 뜻을 모았어. 조정은 농민군이 원하는 '폐정개혁안'을 받아들이고 농민군은 전주성에서 자진해산하기로 했지.

이 개혁안대로 이뤄지면 조선은 사람들이 서로 정을 나누며 사람답게 사는 세상이 되는 거란다. 너희들도 한 번 꼼꼼히 읽어 보렴. 그러면 우리 농민군이 어떤 세상을 꿈꿨는지 그때 조선의 문제가 무엇이었는지 알게 될 테니까.

우리 임금이 폐정개혁안을 들어주겠다는 약속을 하자 그것을 굳게 믿고 고향으로 내려가 **집강소**를 열어 백성이 원하던 세상을 만들어 갔지.

집강소는 농민의 문제를 수령과 의논하여 해결하는 자치 기구와 같았어. 이건 120년을 앞선 합리적이고 민주적인 제도라더구나. 백성들은 세상이 제대로 돌아갈 거란 희망으로 환호했단다.

집강소
동학농민운동 때 각 지역마다 설치했던 농민들의 자치 기구야.

폐정개혁안

동학농민군이 해산한 다음 아무런 토벌을 하지 말아주오.

동학농민군은 집강소를 설치하여 관청과 협력하며 일을 처리하겠소.

탐관오리는 그 죄를 엄중하게 따져 처벌해 주오.

지방에서 횡포한 일을 저지르는 양반을 처벌해 주오.

노비문서를 불태워 주오.

신분을 가리지 말고 능력 있는 인재를 뽑아 주오.

청상과부의 재혼을 허락해 주오.

잡세를 거두지 말아 주오.

농민에게 토지를 나눠 주오.

왜국 상인과 몰래 교역하는 자를 처벌해 주오.

이제 청나라와 일본 군대만 돌아가면 되는 거였는데 일본은 침략 의도를 노골적으로 드러냈지. 오히려 군대를 더 끌어들여 경복궁에 난입해서 고종과 관료를 압박하더니 제 마음대로 친일 내각을 세우더구나. 이것을 갑오개혁이라 하는데 내용은 근대적이었지만 일본이 앞장을 선 것이라 다들 못마땅해했지. 친일 정부를 세워 침략의 발판으로 삼으려는 속셈이 훤히 보였으니까.

이렇게 세력을 불려 가는 일본을 두고 볼 수 없었던 청나라는 일본과 정면으로 충돌했어. 우리 땅에서 청일 전쟁이 벌어진 거란다. 조선을 차지하려는 청일 전쟁으로 우리 백성들의 희생이 아주 컸어. 기가 막힐 노릇이었지.

일본군에 맞서려 다시 일어선 농민군

승리한 일본이 조선을 공격할 것이라는 걸 내다본 농민군은 다시 일어섰어. 새 세상을 잠시나마 경험한 농민들이 10만이나 모였지. 간악한 일본군을 이 땅에서 몰아내려고 말이야. 그런데 일본군이 우리나라 조정의 관군과 힘을 합쳐 농민군을 공격하지 않겠냐? 우리나라 군대가 일본군과 손을 잡고 백성을 죽음으로 몰다니, 있을

수 없는 일이었지.

수는 많으나 변변한 무기가 없었던 농민군은 일본의 최신예 대포와 기관총을 이기기 힘들었어. 그러나 내 땅에서 외세를 몰아내겠다는 투지와 함성만은 누구도 이길 수 없었단다. 전투에서 쓰러지고 또 쓰러져도 의지가 허물어질 줄을 몰랐으니까! 일본군과 맞선 농민군의 싸움은 그야말로 처절했어.

그중에서도 공주의 우금치 전투는 더 처절했지. 때는 살이 에이듯 추운 한겨울이었어. 적들은 방한모에 방한복, 방한화까지 신고 일찌감치 해를 등지고 우금치 언덕 아래에 대포를 배치했더구나. 작전상 우금치를 넘어야만 했던 농민군은 방한복은커녕 무명 바지저고리에 짚신뿐이었지.

게다가 햇살에 눈이 부셔 적들의 움직임도 잘 보이지 않았단다. 하지만 병풍처럼 전우들과 둘러섰지. 누군가는 고개를 넘어 적들을 물리치리란 신념으로 말이야. 잘 보이지도 않는 적을 향해 돌진하기를 40~50번! 농민군은 우금치에 쓰러지고 또 쓰러져 산을 하나 만들 지경에 이르러서도 포기하지 않았어. 그 모습이 어찌나 처절했던지 관군 대장도 눈물이 났다더구나.

우금치 전투의 패배로 농민군은 잠시 새 세상의 꿈을 접으며 곳곳으로 숨어들었는데 일본군은 악착같이 찾아내어 죽였지. 농민군 지도자였던 손화중, 김개남 그리고 나, 전봉준도

잡혀 가는 전봉준

잡히고야 말았어.

하지만 우리는 악독한 고문과 회유에도 굴복하지 않았고 꿋꿋한 기상도 잃지 않았지. 끝까지 농민 항쟁의 정당함을 당당하게 밝혔어.

비가 추적추적 내리던 1895년 4월 23일 우리 농민군 지도자들은 관군도 아닌 일본군의 심문을 받고 교수형을 당해야만 했단다.

그런데 나를 위해 '새야 새야 파랑새야'를 불러 주었다니 지금이라도 고맙다는 인사를 하고 싶구나.

키가 작아 콩 중에서도 작은 녹두에 빗대어 나를 녹두 장군이라 불러 주었지. 새가 녹두 꽃을 떨구어 녹두가 열리지 않으면 청포 장수가 울고 간다는 노랫말은 내가 죽으면 우리 백성들이 울고 간다는 뜻이라더구나. 그러나 꽃은 떨어져도 씨앗은 땅에 몸을 숨겼다가 다시 꽃을 피우지. 그러면 울고 갔던 청포 장수는 다시 돌아와 새로운 꿈을 꿀 거다. 나라가 위태로울 때마다, 반드시!

새야, 새야 파랑새야
녹두밭에 앉지 마라
녹두꽃이 떨어지면
청포 장수 울고 간다~

마무리 이야기꾼 뚜벅이가 본 세상

전봉준 장군의 뒤를 이어서 이야기를 전할 뚜벅이
라고 해. 우리 아버지와 형님은 전봉준 장군과 함께 농
민군으로 싸우시다 우금치 전투에서 돌아가셨어. 우리
어머니와 누이는 나를 데리고 한양 땅으로 숨어들었지. 농민군으로
나갔던 사람들을 샅샅이 찾아내어 죽였기 때문에 우리는 정든 고향
을 떠나 낯선 곳에서 숨죽이며 살아야 했어.

하지만 나는 우리 마을 아이들과 '새야, 새야 파랑새야~'를 불렀던
기억이 잊혀지지 않아. 노래를 부르며 어르신들이 무사히 돌아오시
기를 얼마나 바랐는지 몰라. 그런데 녹두 꽃이 떨어지고 말았지. 녹
두 꽃이 떨어지자 우리는 목 놓아 울 겨를도 없이 도망쳐야 했단다.
곳곳에서 일본군이 악착같이 쫓아왔거든.

아~ 우리 마을에 집강소가 열리던 날은 정말 좋았는데……. 원님
과 어른들이 함께 마을의 문제를 해결하니까 억울한 일이 사라졌지.
이제 신분제가 사라진 땅에서 백성들이 제 땅을 일구며 정당한 세금
만 내고 하하 호호 웃는 세상이 온 거라고 다들 기뻐했어.

농민군에 나가지 않았던 사람들도 달라진 세상에 놀라워하며 반
겼고. 뭐, 신분의 높고 낮음이 있어야 세상의 질서가 잡히는 거라는
양반들과 관리들은 몹쓸 놈의 세상이라며 혀를 끌끌 찼지만 말이야.

나는 폐정개혁안이 이뤄졌다면 다음에 이어지는 슬픈 역사를 겪
지 않았을지도 모른다고 생각해. 잘못된 제도가 고쳐져 백성들의 삶

아저씨들, 저세상에서는 가난하고 억울한 사람들이 없는 백성의 나라를 만드세요!

동학농민위령탑(충청북도 보은)

이 탄탄하고 윤택해진다는 건 부정부패와 탐관오리가 사라진다는 거니까. 이게 바로 나라를 튼튼하게 다시 세우는 것이었지. 이런 나라를 감히 누가 넘보았겠어?

그런데 백성들과 손을 잡는 대신에 청나라의 힘을 빌린 조정의 잘못된 선택이 나라를 더 혼란하게 만들었지. 동학농민군 일을 빌미로 들어온 일본군은 농민군이 해산했는데도 제 나라로 돌아가지 않았단다. 오히려 임금이 계신 경복궁을 습격해 무례하게 정치에 간섭했어. 그리고 우리 땅에서 청나라와 전쟁을 벌여 승리하더니 조선을 저희 마음대로 하려고 들었지. 지나친 일본의 횡포를 보면서 어떻게 백성들이 가만히 있을 수 있겠어?

우리 농민군 아저씨들은 일본군을 물리쳐 나라를 구하려고 다시 일어섰던 거야, 10만이나! 그런 아저씨들을 조정이 일본군과 힘을 합쳐 죽이다니 나는 도저히 이해할 수가 없더라…….

을미사변

한양으로 용케 숨어든 반만 남은 우리 가족은 허드렛일을 하면서 열심히 살았어. 한양은 정말 놀라운 곳이었지. 외국인들이 아주 많았는데 서양인들은 우리와 모습도 다르고 옷도 달라서 안 쳐다보려고 애를 써도 저절로 눈이 가더라. 그리고 외국 군인들도 많았는데 나는 일본군을 볼 때마다 부르르 몸이 떨려 왔어. 내 목덜미를 잡아끌고 갈 거 같았거든. 한양 땅에 들어온 군인들 중에서 일본군이 제일 많아서인지 우리 군인보다 더 기세등등하더라. 마치 제 나라처럼 구는 꼴이 꼭 무슨 일을 낼 거 같더라고.

그러더니 1895년 도저히 믿을 수 없는 일이 벌어졌어. 일본인과 군인이 경복궁에 쳐들어가 왕비를 시해했다지 뭐야, 세상에나! 일본이 조정을 꼭두각시로 만들려고 하니까 그걸 왕비가 막으려다 벌어진 일이래. 왕비는 왕권에 도전하는 것은 결코 용서하지 않았기 때문에 러시아의 힘을 빌려 일본의 간섭을 막으려 했어. 그러자 왕비를 일본 침략의 가장 큰 방해꾼으로 여겨 살해한 거라나?

수백 명의 일본인이 총과 칼을 들고 들어가 한밤중부터 새벽까지 왕비를 찾아다니며 경복궁을 쑥대밭으로 만들었대. 왕비의 거처를 말하지 않는다고 수많은 궁녀를 죽이며 돌아다녔다니 그날 밤 궁궐은 비명과 두려움이 가득했을 거야.

결국 왕비를 찾아내 처참하게 살해한 다음 불에 태워 증거를 남기지 않으려 했다니, 어떻게 그럴 수가 있지? 그날 고종 임금은 일본의 자객들에게 어깨를 잡히고 왕세자는 상투를 잡힌 채 칼등에 맞아 기절까지 했대. 아무리 나라가 힘을 잃어 외세가 날뛰는 세상이라지만 이렇게까지 무례하고 오만방자할 수가 있을까? 너무 분해서 눈물이 막 쏟아지더라. 왕비의 친척들이 하도 부정을 저질러서 조금 미워

명성황후 시해

했는데 그것도 미안해지던걸…….

일본은 이런 잔혹한 일을 벌이고도 쉬쉬하며 시치미를 뗐지만 결국 세상에 알려지게 되었지. 그래서 죄를 저지른 놈들을 벌하려고 했는데 강화도 조약에서 맺은 치외법권에 걸려 우리 마음대로 그 간악한 놈들을 벌주지도 못한다고 하더라.

세상의 이목이 두려웠던 일본은 마지못해 왕비를 시해한 놈들을 제 나라 법정에 세우더니 증거가 없다는 이유로 다 풀어 주고 말았다던걸? 이름 없는 백성을 죽인 놈들을 제 나라에서 처벌할 수 없대도 억울할 텐데 우리나라의 왕비가 시해를 당했는데도 우리가 그 죄를 물을 수 없다니……. 정말 분하고 또 분했지.

일본은 경복궁에 침입한 놈들이 떠돌이 무사들이라며 책임이 없는 듯 떠벌렸어. 무지한 놈들이 뭘 몰라 저지른 일로 몰고 가야 일본의 책임이 가벼워지기 때문에 그런 꿍꿍이를 부린 거래. 그러나 사실 그자들은 정치가나 기자 또는 높은 경찰과 의사였다는 거야. 조선을 침략하여 일본을 발전시켜야 한다는 사상을 가진 자들이 떠돌이 무사로 위장했던 거지.

이 사건을 을미년에 일어난 변란이라 을미사변이라 하는데 뒤늦게 소식을 들은 사람들은 일본이라 하면 치를 떨었고 여기저기서 일본을 몰아내자는 의병이 일어났어. 일본은 우리 조선보다 훨씬 문명국이라 자랑했지만 남의 나라 왕비를 시해한 것은 세계사에서도 찾아볼 수 없는 크나큰 범죄래. 일본을 편들던 나라들도 냉담한 반응을 보일 정도였으니까.

단발령

을미사변으로 단번에 조정을 장악한 일본은 조정을 친일 세력으로 채우며 개혁을 서둘렀어. 여러 개혁 중에 서양과 똑같은 복식을 갖춰야 한다는 '단발령'도 있었는데 이건 수천 년 이어진 우리의 풍습을 하루아침에 바꾸라는 거나 마찬가지였지.

고종 임금은 친일 세력의 등쌀에 못 견뎌 조선에서 가장 먼저 상투를 잘라야 했어. 그리고 보기에도 좋고 위생에도 좋으니 모든 백성에게 따르라 했지만 반발이 아주 거셌지. 가뜩이나 을미사변으로 일본을 미워하고 있었는데 상투까지 자르라는 단발령

단발당하는 조선인

은 불난 집에 기름을 붓는 꼴이었거든. 상투를 자르려거든 목부터 자르라고 버티거나 강제로 상투를 자르던 관리가 살해당하는 일까지 벌어졌어.

너희들은 상투를 자르는 게 뭐 그리 대단한 일이기에 그렇게까지

했을까 할지도 모르겠구나. 애들아, 상투는 우리 조선인들에겐 수천 년 역사를 이어온 자긍심이었단다. 일본은 그걸 꺾어 고분고분한 조선인으로 만들고 싶었던 거야. 게다가 갑자기 이발을 하고 양복을 입으라는 건 그 기술을 가지고 들어온 일본인들만 배를 불리려는 수작이기도 했기 때문에 조선인들은 무섭게 대들었지.

나는 상투는 없었지만 길게 땋은 머리가 뎅겅 잘릴까 봐 가위를 든 사람만 보면 요리조리 피해 다녔어. 심지어는 뒷간에 코를 막고 숨어 있기도 했단다.

단발령은 잠깐 중지되기도 했지만 결국 사람들은 시대의 흐름에 따라갈 수밖에 없었어. 우리 백성들이 스스로 개혁을 택하고 천천히 시대의 흐름에 맞춰 갔다면 아마 반발은 크지 않았을지도 몰라. 하지만 일본이 강제로 우리를 끌고 가니 거세게 저항했던 거야.

아관파천

일본의 힘이 지나치게 커지고 궁궐마저 안전하지 않다고 생각한 고종 임금은 친러파 관리들의 도움을 받아 러시아 공사관으로 피신했어. 이것을 '아관파천'이라 하는데 일본의 행패가 오죽했으면 남의 나라 공사관에서 더부살이를 할까 싶기도 했지만 백성들은 못내 안타깝기만 했지.

고종 임금은 그곳에서 일본의 간섭을 벗어나 나라의 권위를 다시

러시아 공사관의 고종

세우려 했지만 그럴 때마다 러시아는 조선에서 이득을 챙겨 갔어. 금을 캐어 갈 권리와 삼림을 베어 갈 권리 등을 가져가면서 임금의 부탁을 들어 줄 듯 애만 태웠다지 뭐야? 드러내 놓고 침략을 서두르는 일본이나 속셈을 숨기고 이권을 빼앗아 가는 러시아나 하나도 다를 게 없었던 거야.

　조정의 신하들이나 백성들은 너무 오래 남의 나라 공사관에 있으면 임금의 체면이 서지 않는다면서 다시 궁으로 돌아오시라고 애원했어.

　하지만 임금은 임오군란과 갑신정변이 일어났던 창덕궁으로도, 을미사변이 일어났던 경복궁으로도 돌아가고 싶지 않으셨던가 봐. 외국 공사관이 가까이 있는 경운궁으로 돌아갈 준비를 하셨거든. 무슨 일이 벌어지면 그들의 도움을 받을 수 있을 거라 생각하신 모양인데, 이득에 따라 움직이는 외세를 뭘 보고 믿으시는 건지……

대한제국

환구단
대한제국 때 황제가 하늘에 제사를 드리던 제단이야.

독일의 황제처럼
옷을 입었네.

군복 입은 고종 황제

1년 가까이 러시아 공사관에 머물던 임금이 드디어 돌아오셨어. 그리고 1897년 10월 12일 새벽, 신하들을 거느리고 환구단에 올라 하늘과 땅의 신에게 제사 지내며 황제가 되셨지. 황제가 거리를 행진 할 때 백성들은

"만세, 만세, 만만세."

를 외치며 새 나라를 반겼어. 중국의 속박을 받던 때에는 고작해야 천세를 외칠 수밖에 없었는데 만세를 외치게 되자 백성들은 아주 신이 난 듯 목소리도 우렁찼지. 이제 청나라의 속박 아니, 외세의 참견을 벗어난 자주적인 나라가 되었다는 걸 온 세상에 알린 거야.

새 나라의 이름은 '대한제국' 연호는 '광무'라 했는데 세계의 여러 나라들은 대한제국을 인정하고 축하해 줬어. 하지만 강대국들의 간섭을 물리칠 힘은 아직 없었지.

황제는 친일 세력들이 나섰던 개혁 때와는 달리 근대적인 나라를 만들기 위해 적극 나섰어. 상공업을 일으키기 위해 공장과 회사를 세우고 은행도 만들었지. 나라가 부강해야 외세를 물리칠 수 있다고 생각했으니까. 백성들이야 이런 근대적인 시설보다는 외세에 기대지

청나라의 간섭에서 벗어나세!

독립문

않고 떳떳한 독립국이 되는 것에 더 관심이 많았지. 외세는 폭력적으로 통상을 요구하며 나라의 각종 이권을 빼앗아 백성들의 삶을 아주 힘들게 했으니까.

백성들의 열망에 개화파 지식인과 관리들은 독립협회를 만들었어. 그리고 백성들이 한 푼 두 푼 모은 성금으로 독립문도 세웠지. 청나라의 간섭을 벗어난다는 뜻에서 중국의 사신을 맞이하던 영은문 자리에 놓였는데 프랑스라는 나라의 개선문을 본떠선지 좀 낯설더라.

독립협회가 만드는 **독립신문**은 한글로 되어 있어서 나도 읽을 수 있었어. 신문엔 자주 독립 국가를 이루려면 백성들이 무지에서 벗어나야 하고 산업이 발

독립신문과 서재필
갑신정변을 일으켰다 미국에 망명했던 서재필이 나라 돈으로 독립신문을 만들었는데 한글과 영어로 쓰여 있었어.

205

전해야 한다는 이야기가 쓰여 있었지.

　백성들을 일깨우는 소리에 많은 사람들이 좋아하며 지지했는데 가끔 우리의 사정과는 동떨어진 이야기를 해서 의아했어. 특히 농민군이나 의병을 도적의 무리로 깎아내리며 우리나라 군대는 이런 도둑이나 잡으면 된다는 말에는 정말 화가 나더라.

전차

신기하면서도 두려운 근대 문물

　대한제국은 근대의 문물을 빨리 받아들이는 것이 근대화로 가는 지름길이라고 생각했나 봐. 전차를 놓고 철도 길을 내느라 아주 야단스러웠거든. 한양에는 전차가 놓여서 전신주에 달려 왔다 갔다 했는데 커다란 쇳덩어리가 움직이니까 처음

근대 문물은 저 기차처럼 조선에 한꺼번에 갑자기 들어왔어.

기차

엔 다들 무서워했어. 하지만 곧 익숙해져 빠르고 편리하다는 걸 깨달았지.

하지만 철도 길을 만들 땐 수많은 사람들이 불려 나가 고생을 하다 죽기도 했기 때문에 서양 문물에 대해 두려움을 느끼고 거부하는 일까지 벌어졌어. 처음으로 놓인 철도는 노량진과 제물포를 잇는 경인선이었는데 이 철도 위를 달리는 기차 소리가 어찌나 크고, 덩치도 크던지 볼 때마다 두려웠지. 치익 치익 소리를 내며 달리는 기차는 수백 마리의 검은 말이 한꺼번에 갑자기 달려드는 거 같았으니까! 마치 외세와 근대화처럼.

일본군이 우리나라에 들어올 때는 배를 타고 인천까지 와서 경인선을 타고 한양으로 왔기 때문에 기차를 볼 때마다 나는 마음이 좀 무거웠어. 일본은 철도를 놓는 일에 아주 열심이었는데 기차로 군인을 데려오고 우리 물건을 실어 가려고 그랬나 봐.

내가 한양에 와서 제일 놀랐던 건 사진이었어. 시커먼 물건이 평하고 빛을 내면 초상화보다 더 똑같은 그림이 나온다는 말에 설마 했어. 그런데 사진관 앞을 지나다가 사진을 보고 그 말이 거짓말이 아니라는 걸 알았지. 똑 닮은 모습이 얼마나 충격적이었던지 사진을 찍으면 혼이 달아난다는 사람도 있었어. 반만 찍히면 몸이 반토막 난다는 이야기까지 돌아서 사진관에 돌을 던지기도 했단다.

그러나 얼마 지나지 않아 사진은 엄청난 인기를 끌었어. 돈 좀 있는 사람들은 너도나도 사진을 찍으려 했는데 어느 사진관에는 천 명이 한꺼번에 몰려들기도 했대. 나도 언젠가는 우리 어머니하고 누이와 함께 사진을 꼭 한번 찍고 싶어!

　　서양에서 들어온 물건은 죄다 신기했는데 그중에서도 전신기와 전화 그리고 전등은 참말 신기했지. 철로 만든 기계를 톡톡 건드리면 신호가 전해져서 소식을 전할 수 있다는 전신기는 아무리 들여다봐도 이해할 수가 없더라. 저 속에 사람이 들어 있는 것도 아닌데 어떻게 소식이 전해진다는 건지 영 알 수가 없었지.

　　전화도 마찬가지였어. 귀에다 대면 멀리 사는 사람의 목소리도 들린다던데 어떻게 그럴 수 있는지 거짓말 같기만 했지.

　　한 번은 어떤 아이가 전봇대에 대고 웅얼웅얼하기에 왜 그러냐고 물으니까

아부지,
안녕하시지요?

부럽다……

　　"울 아버지가 저기 함경도 탄광으로 돈 벌러 가셨는데 소식이 없어. 전봇대에 대고 말하면 소식을 전할 수 있대. 그래서……."

　　이렇게 말하는 거야. 나는 그 아이가 부러웠어. 정말 전봇대로 소식을 전할 수 있는 건지는 모르겠지만 안부를 물을 수 있는 아버지가 계시잖아…….

해가 떨어지고 어두워지면 거리에는 가로등이 켜졌는데 아이들과 나는 그 광경이 너무나 신비스러워 가로등을 올려다보며 돌아다녔어. 마치 작은 달이 매달려 있는 것 같았거든. 그런

데 을미사변이 일어나기 전 경복궁에는 전등이 수도 없이 매달려 있었다더라. 그래서 대낮보다 밝아서 눈이 부실 지경이었다나?

에이, 아무려면 전등이 해님을 이길까 했더니 아이들이 막 촌놈이라고 놀려 댔지. 사실 나는 한양에 와서야 석유로 불을 밝히는 등잔과 남포등을 처음 보았어. 조그만 등잔의 불이 어찌나 밝던지 그리고 손에 들린 남포등 불빛이 어찌나 신기하던지 눈을 뗄 수가 없었지.

등잔(호롱불)   남포등

경운궁엔 석조전이라는 서양식 건물도 들어섰다는데 하얀 돌로 지어진 멋진 집이래. 러시아 공사관에서 돌아오신 임금이 그곳에서 커피를 마시고 서양 음악을 들으며 서양 사람들을 만나 이야기도 나눈다고 하더라. 커피는 시커먼 물로 맛이 아주 쓰다던데 그걸 왜 마시는 걸까?

유럽의 건물을
본떠서 지은 거란다.

경운궁의 서양식 건물 - 석조전, 정관헌

나라에서 세운 육영학원과 선교사들이 세웠다는 배재학당에 다니는 사람들이 나는 참 부러웠어. 그래서 가끔 누나와 함께 학교에

육영학원

배재학당

이화학당

다니는 상상을 해 보았지. 누나는 여자들을 가르치는 이화학당, 나는 배재학당에서 신학문을 배우는 모습은 상상만 해도 벅차오르더라. 서당에도 못 가 본 처지지만 배우고 싶은 마음은 간절했거든.

갑신정변 때 개화파의 칼에 맞아 죽어가던 민영익 대감을 미국인 알렌이라는 의사가 수술로 살렸대. 그래서 서양 의술에 감탄한 조정은 서양식 병원을 세웠지. 이 병원의 이름은 은혜를 널리 베푼다는 뜻의 광혜원이었어. 그러다 좀 더 많은 백성을 질병에서 구한다는 의지를 담아 제중원으로 바뀌었지. 서양 의술이 훌륭하다고 소문이 나서 진료를 받으려는 사람들로 몹시 붐볐다던걸?

광혜원(제중원)

내가 여태까지 잘 아는 것처럼 떠벌린 근대화의 문물은 사실은 돈 있는 사람들이나 이용할 수 있었단다. 우리 같은 백성들에겐 그림의 떡인 게 더 많았지. 그래도 내가 누이에게 우리 조선도 이제 없는 게 없으니 잘살게 되는가 보다고 했더니

"으이구, 이 철없는 녀석아, 그게 다 거저 들어온 줄 아니? 광산을 내주고 삼림을 내주며 들어온 거다. 그래서 백성들이 얼마나 고달파졌는데……."

하면서 그거보다 더 급한 게 있는데 조정은 눈에 보이는 것만 바꾸려 한다고 한숨을 쉬더라고. 급한 게 무엇이냐고 하려다가 나는 꿀밤이나 한 대 맞을까 봐 입을 다물었지. 왠지 다음 이야기꾼이 그 이야기는 할 거 같아서 말이야.

내가 할 이야기는 여기까지야. 더 궁금한 게 있으면 호락호락 토론방에서 다시 만나자.

저자가 직접 강의하는 호락호락 한국사 4장
왼쪽의 QR코드를 찍어서 저자의 강의를 들어 보세요!
만약 QR코드가 안 될 경우에는 아래 링크로 들어오세요.
https://blog.naver.com/damnb0401/221259675639

토론 주제 : 나라의 문을 열어야 할까, 닫아야 할까?

토론자 : 그렁군 과 딴지양 , 뚜벅이 , 최익현 ,

김옥균 , 전봉준

똑똑똑!

어, 문 열렸는데? 누구…… 혹시 뚜벅이?

응, 나 뚜벅이여. 너희들은 그렁군과 딴지양이제?

그래, 만나서 반가워.

너~ 원래 한양 사람 아니지?

헉, 내 얼굴에 그렇게 쓰여 있남?

말투가 쪼끔 이상해서. 그리고 네가 한양 땅에 몰래 숨어들었다고 했잖아.

으응, 그랬제. 고부가 내 고향이여. 동학농민혁명이 일어난 곳이제.

아~ 그랬구나. 그런데 몽골 침략 때 나왔던 진돌이도 전라도 아이였는데…… 전쟁 때문에 부모를 다 잃고 삼별초 항쟁을 하는 사람들을 도왔다고 했거든. 전쟁과 혁명을 이야기하러 나온 아이들이 다 그 지역이라니 왜 그럴까?

그려? 그건 우리 전라도 지역이 워낙 농사가 잘 되는 지역이라 옛날부터 우리 땅에 눈독 들이는 사람들이 많아서 그랬던 거 같은디? 전쟁이 나면 농산물을 빼앗으려고 전투가 치열하게 벌어지고 탐관오리들도 눈독을 들이는 곳이라 수탈도 아주 심했제. 오죽하면 전라도에서 동학농민혁명이 일어났었어? 드넓은 벌판에 기후도 좋은 우리 지역은 나라가 안정되면 살기 좋은 곳인디, 안 그럼 더 고통을 당해서 슬픈 일이 많이 벌어졌제.

그렇구나. 얼마 전에 가족이랑 전라도 군산에 놀러갔다가 일제 강점기 때 일본 사람들이 많이 들어와 살았다는 걸 알았어. 왜 서울도 아닌 지방에 일본 사람들이 그렇게 많이 살았을까 의아했는데 이제 알겠다!

그때 들어온 일본 사람들이 제 땅처럼 우리를 을매나 무시하던지……. 그뿐이면 말도 안 혀. 서해 바다로 들어온 일본 배가 우리 농산물이랑 면화를 잔뜩 싣고 갔제. 우리는 배를 곯으면서도 우리 쌀과 면화를 등짝이 휘어져라 나르며 쥐꼬리만 한 품삯을 받았단께.

억울했겠다…….

일본이 돈을 주고 사간 거니까 정당한 거 아냐? 나라 간에 물건을 사고파는 걸 통상이나 무역이라 하는 걸 뚜벅이, 네가 몰랐던 거 아니니?

나도 그런 말쯤은 알아야! 근디 우리 먹을 쌀이 모자라 배를 곯아도 나라 간의 조약을 지켜야 한담서 우리 농산물을 헐값에 마구잡이로 가져갔으니까 문제제. 그게 어디 강도지 통상이나 무역이여?

뚜벅아! 그럼, 너는 나라의 문을 열자는 개화파가 싫었겠구나?

개화파가 싫었던 게 아니라 일본이 아주 싫었제. 조정이 암것도 모르고 강화도 조약에 쾅 하고 도장을 찍은 담부터 사는 게 더 팍팍해졌단께. 일본이 인정사정없이 곡식을 가져가는 데다 우리 어매가 밤잠 설치며 짠 무명천이 일본에서 들여온 옥양목에 밀려 제값을 못 받았다니께. 그러니 일본이 이쁘겠어?

맞아. 일본은 경제를 야금야금 파탄내면서 정치적으로도 옭아매려 했으니까.

그려, 바로 그거여. 일본은 우리를 식민지로 만들 작전을 짠 것처럼 보였단께. 경제를 흔들고 그다음은 조정을 장악하는데 을매나 치밀하고 끈질긴지 우리가 아무리 저항을 해도 끄떡도 않더라니께?

그걸 알았다니 무지랭이 백성은 아니로구나.

어, 할아버지는 누구세요?

나는 의병을 이끈 최익현이다.

아하, 상투를 자르려거든 내 목을 먼저 치라던 그 분이시죠? 그럼, 대원군처럼 나라의 문을 닫아야 한다고 하셨겠네요?

오랑캐 같은 서양이나 일본과 통상하지 말자는 걸 나라의 문을 닫는다고 하는 게냐? 그렇다면 나는 천 번 만 번 나라의 문을 단단히 걸어 잠가야 한다고 생각한다.

서양도 오랑캐예요? 나는 중국이 아닌 유목민만 그렇게 부르는 줄 알았는데…….

성리학을 몰라 인간의 도리를 할 줄 모르는 자들은 다 오랑캐지. 통상을 하지 않는다고 대포를 쏘고 사람을 죽이는 것을 보니 저들은 세상 만물을 돈으로만 보는 사악한 놈들이더구나. 게다가 제 신분에 맞춰 살아야 세상 질서가 잡히는 법인데 모두가 평등하다는 헛소리나 하다니, 이건 아주 세상을 혼란하게 하려는 수작이지.

헉! 19세기 세상은 많이 변했다던데, 고집 센 양반 할아버지가 나오셨어!

야, 쉿! 의병장으로 유명한 분이야.

뭐, 의병에 대해 말해 달라고?

네? 아, 네, 네! 휴우~ 귀가 어두우셔서 다행이다.

오냐! 짐승 같은 일본 놈들이 우리 국모를 시해하고 조선인의 상징인 상투를 자르라고 했으니 뜻있는 양반이라면 의병이라도 일으켜 의로움이 무엇인지 보여 주려 했지.

위정척사파도 이끄셨지요? 성리학만이 바른 학문이고 다른 사상은 다 사악한 학문이라 배척해야 한다는 위정척사는 역사를 거꾸로 되돌리려는 어리석은 일이지요.

아니, 뭐라고? 흥, 개화파의 김옥균이로구먼.

이미 세상은 오랑캐라 했던 서양이 중국보다 문물이 발달하고 힘이 훨씬 세졌어요. 조선도 청나라에 기댈 게 아니라 일본처럼 빨리 서양의 문물과 제도를 받아들여야만 합니다.

이런, 큰일을 낼 사람이구먼! 서양이 우리를 위해 나라의 문을 열고 통상을 하라고 요구하는 것이 아니네. 요란한 물건으로 우리의 호감을 사서 침략의 발판으로 삼고 기회를 엿보다 우리를 집어삼키려는 음모를 꾸미고 있는 것이지. 일본도 이들에게서 배운 가장 위험한 오랑캐일세. 그들에게 의지하는 자네 같은 개화파들이야말로 눈뜬 장님일세.

눈뜬 장님은 바로 어르신입니다. 500년이나 된 낡은 사상과 제도로 어찌 나라와 백성을 살릴 수 있답니까?

그럼, 세상 만물을 돈으로 보며 강자가 약자를 지배하는 오랑캐 사상이 옳단 말인가? 올바른 사상인 성리학으로 저들의 사악한 생각을 일깨워 줘야 하네!

그럴 힘이 우리에게 있습니까? 중국도 땅을 빼앗기고 황제가 피신을 가야 할 만큼 서양의 힘은 막강해졌습니다.

이보게, 삼강오륜과 충효 사상은 조선의 뿌리일세. 그 사상이 있었기에 조선의 질서가 유지되고 문화 민족의 긍지를 가졌던 게지. 이제 모두가 평등하다는 되어 먹지 못한 사상은 조선을 뿌리째 흔들어 예의가 사라지고 힘과 돈이 판을 치는 짐승 같은 세상이 될 게야. 나라와 백성이 살려면…….

그만들 좀 하시오! 두 분 다 나라와 백성을 들먹이지만 진정으로 백성을 생각하는지 의심스럽소. 위정척사파는 그 지긋지긋한 양반 중심의 신분제 사회로 돌아가야 한다니 어이가 없소. 그리고 개화파는 나라를 개혁하는 데 왜 하필이면 백성들이 그토록 미워하는 일본과 손을 잡겠다는 게요? 우리가 일본 때문에 고통스러워하는 걸 보지 못했단 말이오? 백성의 소리에 귀를 닫고 백성의 사정에 눈을 감은 당신들에게 완전 실망했소. 그래서 우리 백성들이 스스로 원하는 세상을 열려 했던 거요.

어허, 이런! 도적의 우두머리가 어디서 큰 소리를 치는 게야?

도적이라고요? 누가요? 내 식구 그저 배 안 곯고 추운 겨울 불기 없는 방에서 떨지 않기를 바란 백성이 도적입니까, 송곳 하나 꽂을 땅도 없는 백성을 밭 삼아 빼앗아 간 관리가 도적입니까? 백성이 되어 단 하루도 살아 본 적이 없으니 우리의 타는 속을 어찌 알겠소?

나라를 위태롭게 했으니 도적이지. 게다가 자네들의 요구는 지나쳤네.

탐관오리와 못된 양반을 벌주고 능력 있는 관리를 뽑아 달라는 것이 지나친 겁니까? 노비를 없애 주고 불쌍한 과부가 시집갈 수 있게 해 달라는 것이 지나치단 말입니까?

녹두 장군님, 목소리를 조금만 낮춰…….

우리 백성들이 땅을 나눠 주고 잡세를 없애 달라 한 것은 나라의 곳간이 차고 튼튼해지길 바랐기 때문입니다. 그래야 나라가 바로 서고 백성이 잘살게 되어 외적의 침략도 막을 수 있으니까요.

전봉준의 이야기를 들어 보니 우리의 갑신정변이 성공했더라면 갑오농민혁명은 일어날 이유가 없었겠군. 우리의 주장과 농민군의 주장이 닮았거든.

그래요? 일본을 끌어들였다가 그들에게 배신당해서 3일 천하로 끝났다는 것만 기억에 남아서 뭘 주장했는지는 잊어버렸어요.

우리 개화파는 여러 나라들과 통상을 벌여 나라를 부강하게 하고 신분 제도와 과거 제도를 없애자고 했지. 그래야 인재를 키울 수 있고 능력에 따라 관리도 뽑을 수 있었으니까. 돈을 주고 관직을 산 자가 온갖 부정부패를 일삼는 꼴은 더 이상 보고 싶지 않았지. 그리고 세금 제도를 고쳐 백성들의 부담을 덜어 주려 했어. 다시 말하면 봉건적인 제도를 없애고 근대적인 나라를 만들려고 한 거란다. 그래서 꽤 많은 백성들이 우리를 도와주었지.

아~ 그랬어요? 그런데 갑신정변이 실패한 건 지나치게 일본에 의지하고 서둘러서 그런 거라던데…….

그렇기도 했지. 하지만 우리가 뜻을 펼치려면 조정이 방해하거나 청나라가 지나치게 간섭을 해서 서두를 수밖에 없었단다.

어, 어? 조정에서도 나라를 근대화하려고 수신사니 영선사니 보빙사도 파견하고 그랬잖아요?

근대화가 왕권 강화나 자신들에게 이익을 가져다 줄 때만 그랬지. 개화나 개혁을 하다가도 도움이 안 되면 확 엎어 버리곤 했으니까.

아휴~ 이랬다저랬다, 왔다 갔다 하다가 스스로 근대화할 힘을 키우지 못한 거네요? 그런데요, 개화파가 일본과 손잡는 대신에 백성들과 함께 개혁을 했다면 좋았을 거 같아요. 주장한 내용에는 백성들이 바란 게 많았으니까요.

그러게 말이다. 개화파들이 세상의 흐름이 어떤지를 백성들에게 알려 주고 차근차근 나라와 백성이 함께 근대화를 이뤄 갔다면 좀 좋았을까! 그랬다면 농민군들이 그렇게 많이 죽지도 않고 백성의 꿈이 무너지지도 않았을 텐데……

근디 녹두 장군님, 위정척사파 말이 다 틀렸던 건 아녀라. 일본이 가장 사악한 오랑캐라고 한 건 아주 제대로 봤단께요!

그건 일본을 따라야 한다는 개화파보다는 나은 점이로구나.

강자가 약자를 지배하는 제국주의와 세상 만물을 온통 돈으로만 보는 짐승 같은 나라가 될지도 모른다는 걱정도 맞았구만이라.

그럼, 개화파나 위정척사파 둘 다 애꾸눈이었다는 거네?

무슨 소리여?

위정척사파는 여전히 양반이 중심이 되는 신분 제도를 고집했지만 외세의 정체를 꿰뚫고 있었잖아? 그러니 완전 장님은 아니었지.

아하~ 그런 뜻? 그렇다면 개화파는 근대화라는 시대의 흐름은 잘 읽고 있었지만 일본의 음흉한 속셈은 보지 못했으니까 역시 애꾸눈이었단 거네?

그렇지!

혜에, 말 되네! 그러면 우리 동학농민군 아재들은 뭐시여?

으음~ 낡은 제도와 외세 때문에 직접 큰 고통을 당해서인지 가장 제대로 봤던 거 같아. 하지만 힘이 너무 없었지. 사람이 아무리 많은들 힘 있는 조정과 최신식 무기로 장착한 일본군을 어떻게 이기겠어? 뛰어난 작전도 없고 도와줄 힘을 가진 사람들도 없는데 무조건 돌격한 것도 그다지 잘한 건…….

그래, 백성과 나라를 구하겠다는 의로움만 가지고는 세상을 바꾸기 힘들었지. 무모한 점이 있었다는 건 인정하마.

근디, 위정척사파의 외세를 정확히 보는 눈으로 개화파의 근대화 사상을 받아들이고 동학농민운동의 뜻으로 세상을 바꿨다면 어땠을까?

와아~ 나라와 백성이 한마음으로 똘똘 뭉쳐 근대화를 이뤄내는 장면, 정말 환상이었겠다!

그라제? 그라믄 정말 사람답게 사는 세상이 열렸겠제?

그랬겠구나. 우리가 왜 진즉 그런 생각을 못했을까…… 시간이 걸리더라도 더 많은 백성들과 마음을 나누며 함께 했다면 근대화에 성공했을 텐데…….

백성은 신분 제도가 사라지는 세상을 그토록 원했는데 양반 중심의 신분제 세상만 고집해서 나도 미안하구나. 하지만 내가 하고픈 말은 옛 것이 다 나쁜 건 아니란 거다.

어른을 공경하고 예의를 지키며 이웃과 나누며 사는…… 뭐 그런 거요?

그럼, 그게 세상의 기본이지!

엡, 알겠습니다.

나라의 문을 닫아야 되네, 열어야 되네 하도 말이 많아서 뭐가 옳은지 헷갈렸는데 이제 답을 찾았어. 그리고 확실하게 알게 된 게 하나 더 있어.

고거이 뭔데?

다들 생각은 좀 달랐지만 깊이 고민하고 노력하셨다는 거!

해마다 파도가 몰아치는 것처럼 큰 사건이 많았던 19세기를 이해하는 데 도움이 되었다니 기쁘다!

이런 맛에 역사 시간마다 불려 나오는 거 아닙니까? 이제 그만들 돌아가시지요.

안녕히들 가세요. 뚜벅아, 너도 잘 가!

그려, 잘들 있어잉~.

새야~ 새야~ 파랑새야,

녹두밭에 앉지 마라.

녹두꽃이 떨어지면

청포 장수 울고 간다~~.

딴지양의 블로그

세상과 발맞췄어야지

제국주의 나라들이 몰려들 때의 조선은 바람 앞에 흔들리는 촛불처럼 위태로웠다. 15세기에는 과학 강국이던 조선이 400년 뒤에는 왜 이렇게 뒤처졌는지 정말 속상했다. 고려처럼 바다를 통해 세계 여러 나라와 교류하지도 않고 청나라는 오랑캐의 나라라고 얕잡아 보다가 세상 물정에 어두운 나라가 된 거 아닐까?

이웃나라 일본은 재빨리 근대화의 문물을 받아들여 아시아에서 중국을 제치고 제일 먼저 근대화에 성공했단다. 그때도 조선은 근대 문물을 받아들이네, 마네 시간만 끌다가 강대국들에게 이용만 당했다. 그러다 결국 일본의 식민지가 되어 버리고…….

조선은 세상의 발전에 발맞추어 나가지 못하다가 힘없는 나라가 되어 슬픈 일을 너무 많이 당했다. 양반이든, 백성이든 온 나라 사람들이 힘을 합쳐 근대의 문물을 빨리 받아들였다면 지금까지도 가슴 아픈 역사는 만들어지지 않았을 거다…….

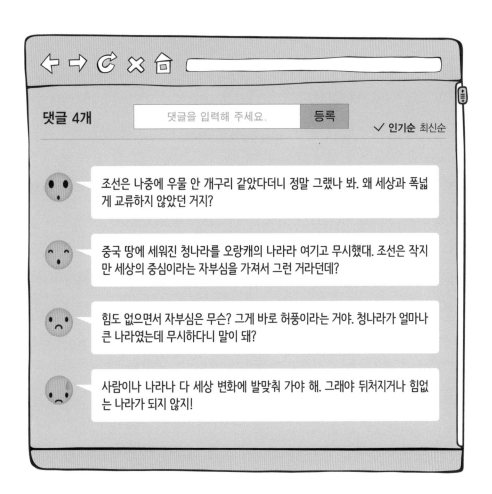

댓글 4개 [댓글을 입력해 주세요.] 등록 ✓ 인기순 최신순

조선은 나중에 우물 안 개구리 같았다더니 정말 그랬나 봐. 왜 세상과 폭넓게 교류하지 않았던 거지?

중국 땅에 세워진 청나라를 오랑캐의 나라라 여기고 무시했대. 조선은 작지만 세상의 중심이라는 자부심을 가져서 그런 거라던데?

힘도 없으면서 자부심은 무슨? 그게 바로 허풍이라는 거야. 청나라가 얼마나 큰 나라였는데 무시하다니 말이 돼?

사람이나 나라나 다 세상 변화에 발맞춰 가야 해. 그래야 뒤처지거나 힘없는 나라가 되지 않지!

마음을 모으는 게 중요해

　나는 오늘 토론방에서 중요한 사실을 깨달았다. 어려울 때일수록 서두르지 말고 마음을 하나로 모으는 게 중요하다는 걸 말이다.

　조선의 개화기 이야기를 들을 땐 빨리 나라의 문을 열지 왜 저럴까 싶어 개화파의 갑신정변이 실패한 게 무척 안타까웠다. 그런데 일본에 의지한 채 서두른 개화파가 성공했다면 일본의 간섭을 더 빨리 받았을 지도 모른다는 생각이 들었다. 그리고 개혁이란 몇 명의 사람들만으로 이루어지는 것이 아니라 온 나라 사람들의 지지가 있어야 실패하지 않는다는 것도 깨달았다.

　고리타분하게 보이는 위정척사파도 일본의 속셈을 알아채는 지혜가 있었고 무모하게 보였던 동학농민들도 탄탄한 나라를 만들겠다는 의지가 대단했다. 서로 가진 장점을 모으고 힘을 합쳤더라면 일본의 간섭도 물리치고 낡은 사상과 제도를 바꾸는 진짜 개혁이 성공했을 거다. 다들 외세에 간섭을 받지 않는 살기 좋은 나라를 만들고 싶다는 생각을 갖고 있었기 때문에 마음만 모았다면 조선은 그렇게 어이없이 망하지 않았을 거다.

그렇구나! 다들 외세의 간섭을 받지 않는 살기 좋은 나라를 만들고 싶다는 마음에서 나선 거였어. 그 마음으로만 뭉쳤다면 정말 좋았을 텐데…….

나는 위정척사파가 나쁜 건 줄 알았는데 일본의 속셈은 제대로 알고 있었더라. 그리고 신분 제도를 유지해야 된다는 건 어이없지만 예의보다 돈을 더 중요하게 생각하는 오랑캐 세상이 될 거라는 말도 맞았잖아?

개화파는 무조건 좋은 건 줄 알았는데 일본에 의지했다가 배신당했다니 실망이야. 뭐든 스스로 해야지. 남의 도움을 받으면 참견을 받게 되어 있어.

개화파는 서두를 게 아니라 백성들의 마음을 모으려는 노력을 더 하고 반대하는 사람들이 걱정하는 것에도 귀를 기울였어야 해요. 그랬다면 성공한 개혁이 되었겠지요?

조선에 근대 문물이 들어오는 순서를
정리해 보았어. 어떤 것은 정말 놀랍고
신기하기도 했지만 두렵기도 했지.
그때를 상상하며 쭉 훑어 봐.

1880
호롱불, 남포등 사용
(일본에서 석유 수입)

1885
서양 의술을 펼치는
병원인 광혜원 설립
서울~인천 간 전신기 설치,
얼마 뒤 전화 개통,
배재학당 설립

1881
신식 군대인 별기군 창설

1884
우편 업무를 맡는
우정국 설립

1883
인쇄소인 박문국이 세워져 최초의 신문인 한성순보 창간
최초의 근대 학교 원산학사 설립(함경남도 원산)
사진관 설치

1886
최초로 나라에서 세운 학교인 육영공원,
여학교인 이화학당 설립

1898
한성전기회사 설립

1899
전차 1899년(흥인지문~돈의문) 개통
기차 1899년 경인선(제물포~노량진) 개통
1905년 경부선(서울~부산) 개통
1906년 경의선(서울~신의주) 개통

1902
전화 개통

1887
경복궁 건청궁에 마귀불이라
불린 전등 설치
(에디슨이 전등을 발명한 지
8년 만에 조선에 설치)

1896
최초 한글 신문 독립신문 발행

19세기 조선은 폭풍우를 만난 돛단배 같았어

　영조와 정조가 이끈 18세기 조선은 변화와 발전을 이루었지. 하지만 정조의 죽음과 함께 시작한 19세기는 큰 상인들과 손잡은 몇몇 세도가들이 권력을 쥐고 흔들었어. 그래서 백성들은 살기가 무척 힘들었지. 새로운 시대에 맞춰 변화하지 못한 조선은 백성들의 강렬한 저항에 부딪히고 강대국들의 통상 요구에 힘없이 무릎 꿇을 수밖에 없었단다.

1866년 제너럴셔먼호 사건 미국 상선의 횡포
1866년 병인양요 프랑스가 침입, 통상 요구
1871년 신미양요 미국이 침입, 통상 요구

1862년 농민 봉기
지방 수령들과 양반 지주들의 횡포를 견디기 힘들었던 농민들이 진주 지방을 시작으로 전국 각지에서 들고 일어났어.

1863년 대원군의 집권
양반에게도 세금을 물리고 서원을 철폐하였으나 무리하게 경복궁을 다시 세워 모두에게 비난을 받았어. 또 프랑스와 미국의 강제적인 통상외교 요구에 반대하며 전국에 척화비를 세웠지.

새로운 세상을 꿈꾸는 동학
사람은 하늘처럼 귀하며 누구나 평등한 세상을 누릴 수 있다는 최제우의 동학사상은 백성들에게 빠르게 퍼져 나갔어.

중국은 서양의 기술을, 일본은 문물과 제도를 다 받아들여 변화하고 있었어.

1811년 홍경래의 난
지역 차별에 반발하여 홍경래와 평안도 지역 사람들이 들고 일어났어.

1800년 순조 즉위
세도 정치의 시작

1905년
일본에 외교권을 빼앗겼단다.

1896년 아관파천
고종은 일본군이 무서워 러시아 공사관으로 피했지.
독립협회 활동

1897년 대한제국
으로 나라 이름을 고쳤어.

1895년 을미사변
왕비를 일본 자객들이 시해했단다.

1894~1896년 갑오개혁
세 차례에 걸쳐 진행되며 신분 제도가 폐지되고 여러 부분이 개혁됐지만 일본의 침략을 위한 속셈이 들어 있었어.

1876년 강화도 조약
일본의 강제 통상 요구를 받아들여 최초의 근대적 불평등 통상 조약을 체결하였어.

1873년
고종의 직접 통치

1882년 임오군란
구식 군인에 대한 차별에 불만을 품은 군인들이 들고 일어났어.

1884년 갑신정변
개화파들이 개혁을 서두르다 일본의 배신으로 실패했지.

1894년 동학농민혁명
고부 군수의 횡포로 봉기한 농민들이 전주성까지 점령하며 정부와 화약을 맺었어. 조정은 농민군의 요구를 들어주고 농민들은 집강소를 열어 수령과 함께 마을 일을 했지. 농민 봉기를 핑계로 들어온 일본군은 경복궁을 점령하고 청일 전쟁에서 이기면서 간섭을 심하게 했어. 그러자 농민들은 다시 들고 일어나 일본에 맞섰지만 크게 패하고 말았단다.

이양선과 조선 돛단배

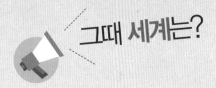

그때 세계는?

시민 혁명과 산업 혁명이 새로운 시대를 열었어

오랫동안 왕과 귀족의 지배에 억눌려 있던 사람들이 혁명을 일으켜 자유와 평등을 주장했어. 그리고 18세기 유럽에서 시작된 산업 혁명은 인간의 삶을 또 한 번 확 바꾸어 놓았지. 기계가 사람의 힘을 대신하여 많은 양의 물건을 빠르게 만들어내고 기차가 그 물건을 세상 곳곳으로 날랐어. 사람들은 농촌을 버리고 도시로, 도시로 몰려들었지. 산업 사회에서 자유와 평등을 부르짖는 새로운 세상이 열린 거란다.

영국에서 시작한 산업 혁명

영국은 도시로 몰려든 노동력, 풍부한 철광석과 석탄 그리고 해가 지지 않을 정도의 넓은 식민지를 가지고 있었어. 게다가 방적기, 직조기, 증기기관 등의 기계도 발명되었지. 산업화의 조건을 두루 갖춘 셈이야.

짧은 시간에 만들어진 물건들은 열차와 증기선으로 먼 곳까지 팔려나가 영국을 세계에서 처음으로 산업 혁명에 성공한 풍요로운 나라로 만들었어.

19세기 중반에는 세계 공장 40%가 영국 거였대. 나중에는 증기선과 증기기관차가 만들어졌고, 유선 전신과 전화가 발명되어 교통과 통신의 혁명까지 이루어졌어. 그 덕에 세계는 더욱 가까워지고 모든 게 풍족해졌지. 그러나 빈부격차는 더 커지고 노동자들의 노동환경과 주거환경은 끔찍할 정도로 형편없었단다.

미국 독립운동

신앙의 자유와 경제적 이익을 위해
영국과 유럽인들이 북아메리카로
이주했지. 얼마 지나지 않아 13개 주로
늘었고 이주민들은 자치를 누렸어.
그런데 영국이 식민지로 삼아 지나친
세금을 요구하자 1776년 7월
4일 독립선언문을 발표하고 힘으로 맞서
싸웠지.
마침내 1783년 미국은 처음으로
국민에게 권리가 있다는 민주 공화국을
만들었단다.

프랑스 혁명

왕과 귀족의 지나친 특권과 무거운
세금에 신음하던 프랑스 사람들이
1789년 자유와 평등을 요구했어.
누구든 자유롭고 평등하게 태어나 그
권리를 누릴 수 있으며 모든 주권이
국민에게 있다는 인권선언문을
발표했지.
자유와 평등, 박애의 정신을 담은
프랑스 혁명은 왕이 모든 권력을
가지고 신분에 따라 차별받는
세상을 무너뜨리기 시작했어. 물론
실현되기까지는 오랜 시간이 흘렀지.

✷ 연표 ✷

19세기

✖ 찾아보기 ✖

✄ 참고한 책들과 사진 출처 ✄

〈참고한 책들〉

• 어린이 책

조선의 여걸 박씨부인 / 한겨레
까닥 선생 정약용 / 웅진 주니어
세상에서 가장 멋진 내 친구 똥퍼 / 사계절
박지원의 친구들 / 한겨레아이들
동학농민군 대장 녹두장군 / 비룡소

아재랑 공재랑 동네 한바퀴 / 길벗어린이
송언 선생님이 챙겨주신 저학년 책가방 고전3 박지원 소설 / 파랑새
박지원 / 비룡소
정조대왕 / 비룡소
전봉준 / 파랑새어린이

• 어른 책

최척전. 김영철전 / 현암사
남한산성 / 학고재
조선의 여걸 박씨부인 / 한겨레
삶과 문명의 눈부신 비전 열하일기 / 아이세움
책만 보는 바보 / 보림
조선최고의 풍속화가 김홍도 / 미래엔 아이세움
한국미 특강 / 푸른 역사
인물로 보는 조선사 / 시아
조선전문가의 일생 / 글항아리
청소년을 위한 동양과학사 / 두리미디어
서울로 가는 전봉준 / 문학동네

병자호란 / 푸른역사
역사저널 그날 / 민음사
새로운 세상을 꿈꾼 조선의 실학자들 / 한겨레 틴틴
박지원의 한문소설 / 휴머니스트
정약용과 그의 형제들 / 다산서당
단원 김홍도 조선의 멋을 그리다 / 사계절
조선 시대의 삶 풍속화로 만나다 / 다섯수레
조선왕조실록을 보다 / 리베르스쿨
전을 범하다 / 웅진지식하우스
화성 정조와 다산의 꿈이 어우러진 대동의 도시 / 더봄

〈사진 출처〉

국립중앙박물관	삼척시립박물관	한국관광공사
국립고궁박물관	문화재청	위키백과
국립민속박물관	간송미술문화재단	위키미디어
부산박물관	강화역사박물관	셔터스톡 코리아

뭉치는 이 책에 수록된 사진이나 자료의 출처와 저작권자를 찾기 위해 최선을 다했습니다.
혹시 문제가 있다면 언제든지 연락 주시기 바랍니다.